Tarot

JULIET SHARMAN-BURKE

Tarot

LEER HOE U DE KAARTEN MOET DUIDEN

Oorspronkelijke uitgave *Tarot*, Connections Book Publishing Limited

Vertaald door Studio Imago, Carlo Gremmen
Opmaak en productie door Studio Imago, Amersfoort

NUR 720
ISBN-13: 978-90-5426-342-5
ISBN-10: 90-5426-342-3

INHOUD

WAT IS TAROT?

Tarot is een van de oudste kaartspelen; het dateert uit de dertiende eeuw. Het spel bestaat uit 22 beeldkaarten die bekendstaan als de *grote arcana* of de *troefkaarten* en uit 56 kaarten onder de naam de *kleine arcana*. De eerste groep is versierd met symbolische afbeeldingen en de kaarten hebben namen als De Dwaas, De Keizerin, De Dood, De Duivel en Het Rad van Fortuin. De tweede bestaat uit vier 'kleuren' (ook wel 'elementen'), waarbij elke kleur loopt van aas tot tien, dan volgen schildknaap, ridder, koningin en koning (de hofkaarten). Dit is vergelijkbaar met een gewoon kaartspel, alleen met een extra hofkaart. Het is nog onbekend of de grote en kleine arcana oorspronkelijk één spel waren, en wanneer ze eventueel zijn samengevoegd.

Het ziet er eng uit!

Zelfs als u nog nooit in aanraking bent geweest met tarot hebt u misschien gehoord dat het een beetje eng en duister is. Dat is niet

het geval, maar de dubbelzinnige reputatie heeft ermee te maken dat het ene spel een kaart met de naam De Dood bevat en het andere een kaart met de naam De Duivel. Mensen die niets van tarot weten, denken dat die kaarten iets 'slechts' moeten betekenen. Maar de beelden verwijzen in feite naar iets wat echt en aanwezig is in ons dagelijks leven. Tenslotte is de dood, of die nu fysiek of symbolisch is, onderdeel van het gewone leven. We worden allemaal ooit met de fysieke dood geconfronteerd, maar intussen is ons leven vol met de dood in de zin van het einde van een bepaalde fase, bijvoorbeeld wanneer we school verlaten, uit huis gaan, een baan opzeggen, verhuizen, trouwen, kinderen krijgen, scheiden of met pensioen gaan. Als De Dood dus opduikt in een duiding zijn er veel meer interpretatiemogelijkheden dan alleen de fysieke dood.

Evenzo staat De Duivel voor de negatieve, maar niet per se kwaadaardige, aspecten van de menselijke geest die we onder ogen moeten zien in plaats van uit de weg gaan. De Duivel is een sym-

bool van verleiding en onze daarbij horende zwakheid, en niet een externe boze macht die ons dwingt iets te doen.

Alle kaarten van de grote arcana bevatten beelden van een stadium of fase in het leven waar we iets mee hebben. De kaarten kunnen worden gebruikt voor voorspellingen: inzicht krijgen in de toekomst of kennis vergaren over het onbekende.

Waar komt tarot vandaan?

Tarot bestaat al vele eeuwen; de eerste keer dat het spel opdook, was in de Italiaanse Renaissance. Hoewel niemand met zekerheid kan zeggen waarvoor tarot ontworpen is, lijkt het bedacht te zijn als kaartspel. Tarot of (verouderd) tarok, ook bekend als *tarrochi* en nog steeds populair in Italië en Frankrijk, is vergelijkbaar met het moderne bridgespel, waarbij de kaarten van de grote arcana als permanente troefkaarten dienen. Deze troeven kunnen, ongeacht welke kleur leidt, worden gespeeld en zijn hoger dan alle gewone kaarten.

Er bestaan ook theorieën dat de 22 grote-arcanakaarten, met hun vreemde en raadselachtige voorstellingen, waren bedacht als een spiritueel kaart- of geheugensysteem om geestelijke verlichting te bereiken, maar daarvoor is geen concreet bewijs. Dit unieke spel kaarten, dat eeuwenlang hetzelfde is gebleven, werd aan het einde van de negentiende eeuw herontdekt door Franse en Engelse occultisten. Zij zagen een mystieke, magische betekenis in de symboliek van de kaarten. Het kwam vooral door hun fascinatie voor mysterieuze beelden dat tarot nog steeds de reputatie heeft van hulpmiddel voor voorspellingen.

Tarot werd bestudeerd en omarmd door verschillende esoterische groeperingen en kreeg een belangrijke plek in de leer van de Hermetische Orde van de Gouden Dageraad. In de beginjaren van de twintigste eeuw creëerde A.E. Waite, een invloedrijk lid van de Gouden Dageraad, samen met kunstenares Pamela Colman-Smith een nieuw tarotspel met de naam *Waite Deck*. Waite veranderde

iets aan de symboliek van de oudere spellen en, nog belangrijker: hij voegde beeldkaarten toe aan de kleine arcana, waardoor ze gemakkelijker te onderscheiden en te leren waren dan de traditionele aanduidingen, die alleen bestonden uit een getal en de kleur. Dit opnieuw ontworpen spel maakte de kaarten veel toegankelijker.

Waarom zoveel spellen?

De laatste twintig jaar krijgt tarot steeds meer aandacht en vooral sinds het begin van de jaren tachtig van de vorige eeuw zijn er veel nieuwe spellen ontworpen. Tarotkaarten prikkelen de verbeelding zo sterk dat veel kunstenaars en tarotfans geïnspireerd zijn geraakt om de voorstellingen in hun eigen stijl en kleur opnieuw te ontwerpen, met behoud van de oorspronkelijke symboliek. De selectie strekt zich uit van de traditionele spellen – waarvan sommige reproducties van de renaissancespellen zijn – tot new-agespellen uit de jaren zestig en zeventig. Er zijn versies met katten, kruiden of bloemen, spellen die verband houden met mythologie, waaronder Griekse, Romeinse, Egyptische, Keltische, Noorse en Amerikaans-Indiaanse, en spellen met alchemistische en astrologische associaties. En dat is nog maar het begin; het is dus niet zo makkelijk om een spel uit te kiezen.

Hoe kies ik?

De hoeveelheid spellen alleen al maakt het moeilijk voor de beginneling om te kiezen. Het is daarom belangrijk dat u de tijd neemt om zoveel mogelijk verschillende spellen te bekijken voordat u een keuze maakt: als u eenmaal hebt besloten, blijft u waarschijnlijk bij die keuze. Natuurlijk vinden veel mensen het leuk om als hobby tarotspellen te verzamelen, maar voor het duiden van de kaarten kunt u het beste maar één spel gebruiken; anders wordt het verwarrend.

Het is belangrijk dat u de kleuren en thema's van het door u gekozen spel aantrekkelijk vindt, en dat de tekenstijl u bevalt. U moet zich prettig voelen bij de plaatjes, alsof het oude vertrouwde vrienden zijn, en dat lukt niet met plaatjes die u niet mooi vindt.

U realiseert zich waarschijnlijk dat niet alleen de artistieke stijl belangrijk is, maar ook wat de schrijver of kunstenaar ermee heeft gedaan. Veel kaarten hebben een bepaald thema: sommige hebben

bijvoorbeeld mythologie als thema en andere astrologie, alchemie of een beroemde kunststroming. Er zijn een paar spellen door beroemde kunstenaars gemaakt en er zijn spellen waarbij de stijl van een bepaalde kunstsoort is nagebootst. Al deze factoren hebben invloed op het spel dat uw voorkeur heeft; er is altijd wel een spel dat bij u past.

Internet kan fantastisch zijn om op uw gemak verschillende spellen te bekijken. Als u echter geen liefhebber van cyberspace bent, kunt u naar een grote boekwinkel gaan waar u waarschijnlijk een goede selectie zult vinden en waar veel spellen uitgestald zijn om te bestuderen. U zult zien dat veel tarotspellen grotere kaarten bevatten dan gewone kaartspellen; daar moet u in het begin misschien even aan wennen. Een kleiner formaat is handiger als u van plan bent het spel overal mee naartoe te nemen.

De kaarten gebruiken

Zoals u tijdens het doornemen van dit boek zult merken, zijn er veel manieren om tarotkaarten te gebruiken. Een ervan is in een spel. Een spelletje doen is als een blauwdruk van het leven: we krijgen een stel kaarten waar we het mee moeten doen. Soms hebben we mazzel, soms moeten we slim zijn en soms krijgen we onmogelijke kaarten. We kunnen het kaartspel net zo spelen als het levensspel: met hoop, met angst en zoveel zegeningen als we onderweg kunnen verzamelen.

U kunt met tarotkaarten echter meer doen dan alleen spelletjes. U kunt ze gebruiken als een manier om naar huidige en toekomstige mogelijkheden te kijken. Als we een voorspellend legpatroon neerleggen, kunnen we uit de afbeeldingen informatie afleiden over wat de toekomst voor ons in petto heeft. We kunnen deze informatie gebruiken om goed na te denken over hoe we willen doorgaan in de volgende fase. De voorstellingen vormen een

ingang voor de fantasie en een middelpunt voor de aandacht, die kunnen leiden tot meer mogelijkheden en keuzen.

UW SPEL KAARTEN LEREN KENNEN

Eerst moeten we de grote arcana van de kleine onderscheiden. Neem de kaarten van de grote arcana zorgvuldig door, waarbij u let op de eerste indruk die de plaatjes op u maken. Het is handig om die eerste indrukken in een notitieboekje op te schrijven, voordat u zich gaat verdiepen in hun betekenis. Schrijf alles op wat u belangrijk lijkt; positief of negatief. Probeer niet bewust te zoeken naar wat de plaatjes betekenen; laat uw fantasie gewoon de vrije loop. Laat de beelden, kleuren en inhoud op u inwerken en maak notities, hoe belachelijk die in het begin ook mogen lijken. U kunt uw eigen indrukken vergelijken met de duidingen die verderop in het boek worden gegeven.

Kennismaken met de vier kleuren

Kijk vervolgens naar de kleine arcana. U zult zien dat er vier kleuren zijn: kelken (ook wel schalen, bokalen), staven (ook wel stokken of roeden), zwaarden en pentakels (ook wel pentagrammen of

munten). Deze kleuren komen overeen met gewone speelkaarten: kelken worden harten, staven worden klaveren, zwaarden worden schoppen en pentakels worden ruiten. Ze verwijzen ook naar de vier elementen, respectievelijk water, vuur, lucht en aarde, die weer gekoppeld zijn aan de vier functies van het menselijk bewustzijn: voelen, intuïtie, denken en gewaarwording.

De meeste moderne spellen gebruiken voorstellingen naast het nummer en de aanduiding van de kleur – bijvoorbeeld Staven Drie of Zwaarden Tien – net als in een modern kaartspel. Hoewel u de voorspellende betekenissen van deze kaarten kunt leren, is het makkelijker om ze samen met een voorstelling te onthouden.

Als u de kleine arcana bekijkt, ziet u misschien aanwijzingen die u wijzen op de essentie van elke kleur, waarschijnlijk in de vorm van symbolen of kleurcodes. Sommige spellen gebruiken bijvoorbeeld voorstellingen van vissen voor het element water en de kleur kelken, en rood en oranje voor het element vuur en de kleur staven.

Een verband leggen

Bekijk elke kleur en let daarbij op dezelfde dingen als bij de grote arcana. Sommige spellen zijn gekoppeld aan een verhaal en lopen van aas tot tien; andere bevatten duidelijke aanwijzingen over de voorspellende betekenis van elke kaart. Probeer weer eerst zelf de betekenis aan te voelen, voordat u de kaarten leest.

Een andere manier om de kaarten te leren kennen, is om ze te bekijken in groepen. Leg bijvoorbeeld alle azen bij elkaar en kijk naar de verschillen en overeenkomsten. Doe dat ook voor elk getal, tot en met de tien.

Concentreer u nu op de hofkaarten. Beschouw de vier kaarten als een 'familie' en schrijf de overeenkomsten op. Kijk daarna naar alle schildknapen en merk op dat het allemaal jongeren of kinderen zijn. Zie hoe elke schildknaap past bij het element van zijn kleur. Kijk naar de ridders. Elke ridder rijdt paard. Waaraan kunt u zien dat het paard te maken heeft met het kenmerk van de kleur? U zult

zien dat de staven- en zwaardenridders (de masculiene kleuren) de meest dynamische en snel bewegende paarden hebben, terwijl de kelken- of pentakelsridders (de feminiene kleuren) kalmere paarden hebben. Masculien/feminien heeft overigens niets te maken met geslacht en moet daarom niet worden verward met mannelijk/vrouwelijk. U kunt ook opschrijven tot welke beelden u zich instinctief aangetrokken voelt en door welke u wordt afgestoten. Doe hetzelfde met de koningen en koninginnen. Dat zal uw relatie met de kaarten verbeteren en u helpen als u ze in duidingen gebruikt.

Wees geduldig

U zult niet meteen gewend zijn aan uw spel. U moet geduld hebben en de relatie de kans geven om zich te ontwikkelen; bedenk dat hoe meer tijd en moeite u in een project stopt, hoe groter de beloning zal zijn. De beelden op uw kaarten leren kennen, is als een vriend leren kennen of als een vijand leren begrijpen. Sommige kaarten trekken u meer aan dan andere, maar wanneer u niet van een bepaalde kaart houdt, betekent dat nog niet dat u hem moet negeren. Integendeel: proberen te begrijpen wat u niet aan de kaart bevalt, kan een erg nuttige oefening op zich zijn. Hetzelfde geldt voor kaarten die u simpelweg niet begrijpt. Geef de moed niet op; blijf proberen erachter te komen waaruit uw weerstand tegen een bepaalde voorstelling bestaat. Dat kost allemaal tijd, maar uiteindelijk wordt u beloond met het gevoel dat de kaarten net zo bekend en vertrouwd zijn als uw oude vrienden.

OEFENINGEN

Om u te helpen wennen aan de kaarten, zijn er een paar spelletjes die u kunt proberen. Het ene is een simpel spelletje om het geheugen te verbeteren en bekend te raken met de kaarten. Het andere is het oude troefkaartspel.

MEMORY

U kunt dit spel met twee of meer mensen of in uw eentje spelen om te wennen aan de plaatjes en om uw geheugen te trainen.

Schud de kaarten eerst en leg alle kaarten met de voorstelling naar beneden op een groot, vlak oppervlak. U kunt de kaarten naast elkaar, in een duidelijk patroon, of gewoon willekeurig neerleggen; wat u het prettigst vindt. Het is waarschijnlijk gemakkelijker om de posities te onthouden als de kaarten volgens een duidelijk patroon zijn neergelegd; de methode die u kiest, hangt dus af van hoe eenvoudig of moeilijk u het uzelf wilt maken.

Draai nu twee willekeurige kaarten om. Als er een paar – bijvoorbeeld twee koninginnen of twee zessen – verschijnt, kunt u ze weghalen en tellen als een 'slag'. Als de kaarten niet bij elkaar passen, draait u ze weer om en probeert u hun positie te onthouden, zodat u die kennis bij de volgende beurt kunt gebruiken. Alle combinaties van twee grote-arcanakaarten tellen als een paar. Het is

een goed idee om de namen van de kaarten hardop te zeggen terwijl u ze omdraait; dat helpt om ze te onthouden. Ga door totdat u alle kaarten bij elkaar hebt gevonden. Het doel van het spel is om zoveel mogelijk paren te maken; als u met meerdere mensen speelt, is de winnaar dus degene die aan het eind de meeste slagen heeft verzameld.

De extra bonus van dit spel is dat u aan de afbeeldingen went en dat u uw geheugen verbetert.

TROEFKAARTSPEL

Het troefkaartspel, voor drie of meer spelers, is al bedacht in de Middeleeuwen, maar wordt in Europa nog steeds gespeeld. Het lijkt veel op bridge in de zin dat het doel van het spel is om een score van 100 te behalen. Dat kan op twee manieren. De ene manier is om een 'roem' te maken, dat wil zeggen: belangrijke kaarten en reeksen in uw hand op te tellen voordat het spel begint. De

andere is om punten te vergaren met uw verschillende slagen tijdens het spel zelf.

PUNTEN

Troefkaarten

Deze zijn als volgt gegroepeerd naar waarde:

Tarottroefkaarten De Dwaas, De Magiër, De Wereld, Kelken Koning, Staven Koning, Zwaarden Koning, Pentakels Koning

Hogere troefkaarten De Ster, De Maan, De Zon, Het Oordeel, De Wereld

Lagere troefkaarten De Magiër, De Hogepriesteres, De Keizerin, De Keizer, De Hiërofant

Roemscores

Een 10-kaartencombinatie van tarottroefkaarten en kleine-arcanareeksen = 15 (bijvoorbeeld: De Dwaas, De Wereld, Staven Koning en Kelken Twee tot Acht)

Een 7-kaartencombinatie van tarottroefkaarten en kleine-arcanareeksen = 10

Een 4-kaartencombinatie van tarottroefkaarten en kleine-arcanareeksen = 5

Elke drie tarottroefkaarten = 15
Alle vijf de hogere troefkaarten = 15
Vier hogere troefkaarten = 10
Drie hogere troefkaarten = 5
Alle vijf de kleinere troefkaarten = 15

Vier lagere troefkaarten = 10
Drie lagere troefkaarten = 5
Dertien troefkaarten = 15
Tien troefkaarten = 10

SCORES VAN KLEUREN Er is een speciale regel voor de scores van de masculiene en de feminiene kleuren. De Koning is altijd de hoogste kaart, gevolgd door De Koningin, De Ridder en De Schildknaap. Daarna komt in de masculiene kleuren (staven en zwaarden) de tien en is de aas de allerlaagste. In de feminiene kleuren (kelken en pentakels) is het precies andersom: de aas is hoog en de tien is laag. De Staven Acht is dus hoger dan de Staven Aas, maar de Kelken Twee is hoger dan de Kelken Negen.

Slagscores

Na een roem wordt het spel uitgespeeld met de scorepunten van de spelers. Slagen hebben de volgende scores:
Een tarottroefkaart (behalve De Dwaas) = 5 punten
Een koningin = 4 punten
Een ridder = 3 punten
Een schildknaap = 2 punten
Elke andere kaart = 1 punt

Hoe te spelen

Eerst trekken alle spelers een kaart om te bepalen wie gever wordt. Om het simpel te houden tellen azen laag, koningen hoog en de grote arcana het hoogst (behalve De Dwaas, die voor nul telt). Als spelers dezelfde kaart van een andere kleur trekken, bijvoorbeeld kelkennegen en stavennegen, trekken ze opnieuw een kaart.

Zodra de gever is gekozen, moet hij de kaarten goed schudden en vanaf zijn rechterkant tegen de klok in delen tot er niet meer genoeg kaarten zijn om de tafel helemaal rond te gaan. Geef elke speler per keer vijf kaarten. De resterende kaarten worden rechts naast de gever geplaatst als de 'pot' of 'extra hand'.

Alle spelers moeten hun kaarten nu in de verschillende reeksen en roemen sorteren. Sommige kaarten werken misschien dubbel; een koning kan bijvoorbeeld zowel in een tarottroefkaarttelling als in een reeks passen. De Magiër kan worden gebruikt in een tarottroefkaarttelling en in een lagere-troefkaarttelling.

Als iedereen eenmaal weet welke kaarten nuttig voor hem zijn, kan de gever per speler maximaal zes nutteloze kaarten omwisselen voor de kaarten in de pot. Elke speler moet zijn kaarten zelf afgooien, voordat hij de gesloten kaarten pakt. Hij hoeft dus niet per se zes kaarten af te gooien; hij kan er zes neerleggen, maar er zoveel pakken als hij nodig vindt – hij loopt dan wel het risico dat hij eerder zonder kaarten komt te zitten dan de andere spelers. Als een speler ervoor kiest geen enkele kaart te wisselen of slechts één of twee, gaat de beurt door naar de volgende speler aan de rechterhand van de gever. Die mag dan kaarten inwisselen voor de resterende kaarten. Als er daarna nog kaarten in de pot overblijven, mag de derde speler kaarten inwisselen.

In deze beginfase van het spel kunnen tarottroefverzoeken worden gedaan. Als u maar twee tarottroeven in handen hebt voor de roem wordt gedaan, kunt u de andere spelers om een derde tarottroefkaart vragen. Als niemand er een heeft, krijgt u vijf punten. Als dat wel zo is (hij moet dan bekennen), moet u de kaart nemen, maar scoort u geen punten. U geeft hem een afgegooide kaart uit uw hand terug.

Als het afgooien en verzoeken klaar is, moeten de verschillende roemen en reeksen worden gemeld, getoond en geteld, beginnend bij de speler rechts van de gever en daarna tegen de klok in verder. Nu hebt u de kans om de kaarten van de andere spelers te zien en uw strategie te bepalen.

Schrijf de scores van alle spelers op, waarbij u voor elke speler een apart papiertje gebruikt. De spelers pakken nu weer al hun kaarten op, sorteren ze opnieuw op kleur en het spel kan nu echt van start.

Het spel begint met de persoon rechts naast de gever. Alle spelers moeten diens kleur of troef volgen (bekennen). Een niet-kleur- of niet-troefkaart is alleen toegestaan als de speler in kwestie geen troefkaarten of kaarten van de juiste kleur heeft. De enige

uitzondering op de regel is als de speler De Dwaas heeft; die mag nu worden ingezet. Als een speler een hoge kaart heeft, bijvoorbeeld een koning of De Magiër, die hij niet wil spelen, of als de koning de laatste kaart van de kleur is die hij heeft, mag hij in plaats daarvan De Dwaas neerleggen. De Dwaas heeft geen nummer – het is de laagste kaart van het spel –, waardoor hij de slag haalt, maar geen punten krijgt. Als De Dwaas wordt gespeeld, kan elke kaart hem overnemen.

Ga tegen de klok in door met de winnaar van de slag totdat alle kaarten op zijn, waarbij u tijdens het spelen punten scoort. Er mag maar één score per slag worden geteld. Als een slag bijvoorbeeld een schildknaap, een koningin en een koning bevat, krijgt alleen degene met de koning punten; in dit geval 5. Als er twee tarottroefkaarten worden gelegd, worden de 5 punten gewonnen door de speler met de hoogste roemscore voor die ronde.

Wanneer de hand klaar is, telt iedere speler zijn roem- en slag-

scores op. Alleen degene met de meeste punten krijgt een eindscore. Die wordt berekend door de op een na hoogste score van de totaalscore af te trekken.

Stel bijvoorbeeld dat speler A met 30 punten eindigt. Speler B heeft er 20 en C 40. Speler A en B krijgen 0 punten, terwijl C, de winnaar, de score van de nummer twee (30) van zijn eigen totaal aftrekt, waardoor er 10 punten overblijven.

Bij elke nieuwe hand wordt er gerouleerd naar rechts, zodat elke speler het voordeel van de eerste kans op inwisselen krijgt. De eerste speler met 100 punten wint.

Dit spel lijkt in het begin misschien ingewikkeld en u moet er zeker even aan wennen, maar als u de scores eenmaal onder de knie hebt, zult u het een slim spelletje vinden dat leuk is om te spelen. De regels en puntwaarden van de kaarten zorgen samen voor een strategische uitdaging.

Het spel draait niet alleen om toeval en mazzel; het is een spel van toeval, mazzel en strategie; net als het leven!

DE GROTE ARCANA

DE DWAAS

KERNBEGRIPPEN

nieuw begin, opwinding, risico, aanstaand avontuur

SYMBOLIEK

De Dwaas wordt vaak afgebeeld als een jongeman in vodden die op het punt staat van een steile rots af te lopen of in een afgrond te storten. Dat staat voor het begin van iets nieuws en uitdagends, wat te maken kan hebben met een relatie of carrière, of een verandering van locatie of levensstijl. De knapzak over zijn schouder duidt op het verleden, waar hij op dit moment geen behoefte aan heeft.

Op veel kaarten bijt een dier – een hond, een kat of zelfs een krokodil – in zijn voeten, alsof hij wordt gewaarschuwd voor het dreigende gevaar. Het dier staat symbool voor de instinctieve angst die we vaak hebben wanneer er iets moet veranderen, als we het vooruitzicht van het onbekende tegelijkertijd vrezen en verwelkomen. De Dwaas laat de aandrang zien om te verbeteren, te onderzoeken, te ontwikkelen en het initiatief te nemen.

DUIDING

De Dwaas is een kaart van verandering. Zijn verschijning in een duiding suggereert dus dat het tijd is voor iets nieuws en dat er risico's moeten worden genomen. De Dwaas is jeugdig; de hond vertegenwoordigt zijn twijfels, want zelf heeft hij geen angst. Hij is van plan over de rand van de klif te wandelen in de vaste veronderstelling dat alles goed komt. Zo'n soort houding is nodig als we aan iets nieuws beginnen, omdat het onbekende onvermijdelijk voor angst zorgt, wat onze ontwikkeling in de weg kan staan.

De Dwaas impliceert dat de veranderingen niet traditioneel of conservatief zullen zijn; ze worden door anderen juist vaak beschouwd als belachelijk of te riskant. Maar wanneer De Dwaas in een duiding opduikt, betekent het dat de tijd rijp is voor verandering en dat de uitdaging moet worden aangenomen.

DE MAGIËR

KERNBEGRIPPEN

kansen, initiatief, interessante vooruitzichten, nieuwe ondernemingen

SYMBOLIEK

De Magiër beeldt een man uit die voor een tafel staat met een kelk, staf, zwaard en pentakel. Deze voorwerpen vertegenwoordigen de vier elementen: water, vuur, lucht en aarde, die op hun beurt staan voor voelen, intuïtie, denken en gewaarwording, de vier functies van het menselijke bewustzijn. Deze kaart duidt op de beschikbaarheid van mogelijkheden op verschillende gebieden, en stimuleert om onze verlangens of intuïtie te volgen.

De magiër is vaak in het wit en het rood gekleed, wat staat voor spirituele zuiverheid en passie, en wat de dualiteit van zijn karakter aangeeft. Hij is verbonden met de Griekse Hermes, boodschapper van de goden; hij wijst met één hand naar boven, naar de hemel, en met de andere naar beneden, naar de aarde: een symbool voor het verband tussen goden en mensen. Hij verwijst naar de brug tussen die twee en dat kan, op een innerlijk niveau, beschouwd worden als de link tussen de onbewuste en de bewuste geest.

DUIDING

De Magiër vertegenwoordigt een tijd vol mogelijkheden en creatief initiatief. Hij biedt een keuze aan richtingen, en de mogelijkheid om er een in te slaan: de kelk staat voor de wereld van het gevoel en de relaties, het zwaard is verbonden met de geest en de logische en rationele wereld, de staf symboliseert de fantasie en alle vormen van creativiteit, en de pentakel is verbonden met het materiële, het lichaam en de fysieke wereld. Op al deze gebieden liggen er kansen, en de energieniveaus waarop deze kaart zinspeelt zijn hoog. De Magiër is een kaart die vitaliteit en talent in zich herbergt, geruggensteund door een sterke intuïtie.

DE HOGEPRIESTERES

KERNBEGRIPPEN

verlangen naar esoterisch begrip, geheimen en mysteries proberen te onthullen, geduld

SYMBOLIEK

De Hogepriesteres wordt vaak afgebeeld tussen twee pilaren die staan voor tegengestelde krachten, zoals leven en dood. Ze fungeert als een balans tussen die twee. Ze stond in de oudere spellen bekend als De Vrouwelijke Paus of De Pausin en heeft altijd een spirituele inslag gehad. Ze regeert over de duistere wereld van de onbewuste geesten en de fantasie, en staat voor het creatieve proces van zwangerschap; de foetus moet in de baarmoeder blijven totdat het tijd is voor de geboorte, en er mag niets worden gedaan om dat moment te versnellen. Ze is vaak in maagdelijk wit gekleed, omdat ze symbool staat voor onvervuld potentieel. In veel spellen wordt ze afgebeeld met in haar hand een toekomstbelofte in de vorm van een granaatappel, het vruchtbare fruit met de vele zaden. Ze is verbonden met de halvemaan, symbool voor een nieuwe cyclus van creativiteit, en ze heeft banden met de Egyptische maangodin Isis en met Persephone, godin van de onderwereld.

DUIDING

De Hogepriesteres kan, vanwege haar verborgen en duistere karakter, een moeilijke kaart zijn om te interpreteren. Haar connecties met de onderwereld en het onderbewuste betekenen dat ze haar geheimen niet gemakkelijk prijsgeeft. Wanneer deze kaart in een duiding verschijnt, is het noodzakelijk om begrip en oplossingen te zoeken op een intuïtief in plaats van een rationeel niveau. De mysterieuze wereld van De Hogepriesteres is er een van dromen en intuïtie, en ze kan het best via deze mediums worden benaderd. Ze symboliseert een ontluikend potentieel, iets wat nog tot wasdom moet komen, en deze belofte wordt alleen op het juiste moment en op de juiste plaats ingelost. Haar band met de zwangerschap versterkt dit nog; het is een krachtige boodschap die ons vertelt dat we zeker moeten weten dat de tijd rijp is, voordat we actie ondernemen.

DE KEIZERIN

KERNBEGRIPPEN

vruchtbaarheid, overvloed, emotionele rijkdom, moederschap

SYMBOLIEK

De Keizerin, ook bekend als moeder Aarde, wordt vaak in een korenveld afgebeeld, haar band met de natuur symboliserend. Ze heeft ook een sterke band met het moederschap en wordt zwanger of gekleed in loshangende gewaden afgebeeld die duiden op haar toestand. De Keizerin voedt en verzorgt, en vertegenwoordigt elk proces dat met fysieke groei te maken heeft. In tegenstelling tot de duistere, mysterieuze wereld van De Hogepriesteres, is de wereld van De Keizerin een wereld van de dag. Ze is verbonden met de Griekse godin van de natuur, Demeter, die de gewassen liet groeien en de aarde zodanig bewerkte dat de mensheid te eten had.

De Keizerin draagt vaak een kroon met twaalf juwelen die de twaalf maanden van het jaar symboliseren, of een ketting met vier stenen die staan voor de vier seizoenen van oorsprong, bloei, rijpheid en bederf. Het leven op aarde volgt dit patroon met De Keizerin aan het hoofd.

DUIDING

De Keizerin onthult dat het tijd is voor de geboorte; letterlijk of figuurlijk. Wat er ook in de kaart van De Hogepriesteres gedragen wordt, is nu klaar om geboren te worden. De Keizerin als moederfiguur, voedster, is een beeld van het ingeloste potentieel. Wanneer ze in een legpatroon verschijnt, verwijst ze naar een tijd van groei, van bloeiende gewassen, creatieve ideeën en alles wat tot volle wasdom komt. Ze kan op een letterlijke manier symbool staan voor het huwelijk of het moederschap of andere vormen van creativiteit vertegenwoordigen, waaronder literatuur, schilderkunst, sculptuur en muziek. Toch heeft De Keizerin ook een bitterzoete kant. De kaart heeft een aspect dat het verlies omvat dat alle moeders voelen wanneer hun kinderen zelfstandig worden.

DE KEIZER

KERNBEGRIPPEN

gezag, materiële rijkdom, leiderschap, invloed

SYMBOLIEK

De Keizer is de personificatie van macht en waardigheid. Zittend op een troon draagt hij majestueuze gewaden en machtssymbolen, zoals een globe en een scepter. Op sommige kaarten heeft hij een zwaard, dat zijn mannelijke potentie en zijn wereldse gezag toont. Ook het beeld van een adelaar komt voor; deze vogel is verbonden met het koningsschap, omdat hij hoger vliegt en beter ziet dan de meeste andere vogels. De adelaar was de speciale vogel van Zeus, de Alvader van de Griekse goden.

In tegenstelling tot De Keizerin, een symbool van moederlijke invloed, staat De Keizer voor vaderlijke overheersing, een vader die de leiding heeft op het gebied van financiën, politiek en materiële zaken. En terwijl De Keizerin voorziet in de menselijke behoefte aan emotionele en fysieke verzorging, probeert De Keizer vooruitgang te boeken in de wijde wereld, waarbij hij mannelijke energie inzet om steden te bouwen en wetten te maken.

DUIDING

Het verschijnen van De Keizer in een duiding betekent dat het moment is aangebroken om aandacht te besteden aan de materiële kanten van het leven. Aangezien de wereld van De Keizer is verbonden met zaken, politiek, bezittingen vergaren en geld verdienen, is het waarschijnlijk dat er projecten ophanden zijn om een bedrijf op te zetten of een huis te kopen. De kaart kan ook betekenen dat er een belangrijk persoon in uw leven opduikt; een baas of een andere gezaghebbende figuur die een belangrijke invloed zal blijken te hebben.

De Keizerin is de moederfiguur en De Keizer de vader. Samen vormen ze een harmonieus geheel; de een kan niet zonder de ander. De Keizerin verzorgt en de Keizer beschermt. Ze zijn even belangrijk.

DE HIËROFANT

KERNBEGRIPPEN

zoeken naar de zin van het leven,
verlangen naar spirituele verlichting

SYMBOLIEK

De Hiërofant of De Hogepriester wordt vaak als paus afgebeeld. Zijn tiara staat voor eenheid van lichaam, geest en ziel, wat op veel kaarten ook terugkomt in zijn driepuntige staf. Gekruiste sleutels – een gouden en een zilveren – komen vaak voor en verwijzen naar de harmonie tussen het masculiene en het feminiene. Ze tonen ook het vermogen van De Hiërofant om de poorten van de hemel en de hel te openen, verwijzend naar zijn begrip van goed en kwaad. Hij houdt een boek of rol vast die symbool staat voor zijn wil om te leren en kennis te vergaren.

De Hiërofant zit gewoonlijk tussen twee pilaren, die symbool staan voor de tegenstelling dag en nacht, goed en kwaad, leven en dood. Hij fungeert als de balans ertussen. Vaak steekt hij twee vingers op en heeft hij twee vingers op zijn handpalm gedrukt, wat erop duidt dat wat er boven in de hemel is, wordt weerspiegeld door wat er op aarde is.

DUIDING

De Hiërofant staat voor spirituele verlichting. Als priester of geestelijke vertegenwoordigt hij degenen die meer van de zin van het leven willen begrijpen. In tegenstelling tot De Keizer, die zich bezighoudt met materiële zaken, ligt de interesse van De Hiërofant in de spiritualiteit. Hij wordt aangetrokken door de zoektocht naar waarheid – filosofisch of spiritueel – en wordt niet beperkt door een bepaalde religie of een dogma. Hij gebruikt zijn verstand om antwoorden te zoeken, in tegenstelling tot zijn tegenhanger De Hogepriesteres, die vertrouwt op haar gevoel en intuïtie. Deze twee figuren vertegenwoordigen respectievelijk het masculiene en het feminiene. Dat is niet hetzelfde als het mannelijke en het vrouwelijke; we hebben allemaal een masculiene kant, gekoppeld aan verstandelijke dingen, en een feminiene kant, gekoppeld aan gevoel. Net als De Keizer en De Keizerin vormen ze samen een geheel.

DE GELIEFDEN

KERNBEGRIPPEN

beproevingen en mogelijkheden die te maken kunnen hebben met relaties

SYMBOLIEK

Het meest voorkomende beeld voor De Geliefden is een jongeman die tussen twee vrouwen staat; alsof hij tussen hen moet kiezen. De vrouwen kunnen verwijzen naar zowel verdorvenheid als naar deugd, aangezien de ene vrouw jong en verleidelijk is, terwijl de andere ouder en wijzer lijkt. Dat kan duiden op een keuze tussen moeder en minnares, en het dilemma van scheiding.

Soms vliegt er een gevleugelde cupido boven die een pijl richt op het hart van de jongeman om zijn keuze te beïnvloeden. Op sommige kaarten heeft de cupido een blinddoek om – liefde is blind – maar op andere moet de man zelf kiezen en de consequenties van zijn keuze aanvaarden.

In het Waite-spel toont de afbeelding Adam en Eva die twijfelen of ze God ongehoorzaam zullen zijn en de verboden vrucht van de kennis gaan eten of Hem zullen gehoorzamen en in onwetende gelukzaligheid zullen verblijven.

DUIDING

De kaart De Geliefden moedigt u aan over uw opties na te denken en een besluit voor te bereiden. De blinde cupido duidt erop dat onze methode voor het nemen van beslissingen niet altijd goed doordacht is en sterk wordt bepaald door wat we verlangen in plaats van wat goed voor ons is. Het is wijzer om na te denken over de gevolgen van de keuze en te kijken naar wat er gepaard gaat met het besluit dat wordt genomen. Als Adam en Eva er bijvoorbeeld voor kiezen de vrucht van de kennis te eten, moeten ze accepteren dat de dood een onvermijdelijk gevolg van die beslissing is.

De keuzen die worden aangegeven door deze kaart zijn niet beperkt tot de liefde of relaties. Maar als De Geliefden opduiken in een duiding is het duidelijk dat de beslissing in kwestie grote persoonlijke gevolgen heeft; u moet dus voorzichtig zijn.

DE ZEGEWAGEN

KERNBEGRIPPEN

moeilijkheden overwinnen; ruzies en strijd, met een positieve uitslag

SYMBOLIEK

Het beeld van de twee paarden die twee richtingen op trekken, is vaak te zien op De Zegewagen. De kaart symboliseert de strijd tussen twee krachten, die allebei sterk en verdedigbaar zijn, maar tegenovergesteld in hun verlangen. Vaak is het ene paard zwart en het andere wit om hun tegengestelde aard te laten zien, en het is de taak van de wagenmenner om die tegenstellingen onder controle te houden. Op sommige kaarten staat een sfinx, een symbool van het raadsel.

Het thema van De Zegewagen is het in balans brengen van tegenstellingen. Dat is een onderwerp dat op veel kaarten van de grote arcana voorkomt. De Zegewagen is vaak verbonden met de god van de oorlog of het verlangen, zoals de Griekse Ares; de door paarden getrokken wagen is een symbool van de strijd. Het paard verwijst naar de oorlog en werd oorspronkelijk aan de mensheid gegeven door Poseidon, god van de zee.

DUIDING

De Zegewagen suggereert een fase van innerlijk conflict. Het feit dat de wagenmenner moeite heeft zijn wagen in bedwang te houden, is een aanwijzing dat hij tegenstrijdige gevoelens heeft; hij moet de middenweg kiezen, maar dat is niet makkelijk. De kaart kan duiden op iets simpels; bijvoorbeeld dat een deel van u zich wil ontspannen terwijl een ander deel door wil om een taak af te maken. Dat leidt tot een interne strijd, waarvan de uitkomst vaak voor beide kanten onbevredigend is.

De kaart kan ook betekenen dat er conflicten en twisten zijn tussen u en uw omgeving. Misschien is een compromis nodig, of de strijd nu innerlijk of extern is. De Zegewagen is een hartstochtelijke kaart. Hij suggereert dat uw gevoel van verlangen is aangewakkerd; er is een gevoel van kalmte en balans nodig om een stabiele staat te bereiken.

GERECHTIGHEID

KERNBEGRIPPEN

rationeel denken, onpartijdigheid, eerlijkheid,
evenwichtigheid van geest

SYMBOLIEK

Op de kaart Gerechtigheid is een zittende vrouw afgebeeld met in haar ene hand een weegschaal en in haar andere een zwaard. De weegschaal staat voor balans en evenwicht, het zwaard voor waarheid en rechtvaardigheid. In de voorstelling op de kaart komt het thema van geestelijke helderheid terug, en de behoefte van de geest om logische oplossingen voor moeilijke problemen te zoeken. Kleur is een belangrijk element van deze kaart. Rood, de kleur van passie en verlangen, en groen, van genezing en liefde, werken samen om harmonie te bewerkstelligen. De kleur paars, die staat voor wijsheid, wordt ook vaak gebruikt, omdat er wijze inzichten nodig zijn om goed over dingen te kunnen oordelen.

De vrouw zit tussen twee pilaren, verwijzend naar het thema van evenwicht, en op sommige kaarten speelt de uil, de oude, wijze vogel, een rol.

DUIDING

Het verschijnen van Gerechtigheid betekent dat zaken door een onpartijdige bril moeten worden bekeken. Dit is het moment om de ratio en oordeelkundige denkprocessen te gebruiken om een probleem of situatie in te schatten. Het is een denkkaart die moet worden benaderd vanuit een logisch standpunt. Gerechtigheid wordt gewoonlijk afgebeeld met het zwaard van de waarheid en de weegschaal, waarmee wordt benadrukt dat alle beweegredenen zorgvuldig moeten worden afgewogen.

De kaart kan te maken hebben met juridische of zakelijke problemen, of hij verwijst naar de behoefte om logisch na te denken over een persoonlijk probleem. De pilaren waar de figuur van de Gerechtigheid tussenzit, vertegenwoordigen de twee kanten van een situatie, die beide in ogenschouw moeten worden genomen bij het zoeken naar een oplossing voor een dilemma.

GEMATIGDHEID

KERNBEGRIPPEN

matiging, een geslaagde mix, de vereniging van tegengestelden, goede relaties

SYMBOLIEK

Het meest voorkomende beeld van Gematigdheid is die van een gevleugelde figuur die een vloeistof mengt door hem van de ene in de andere kelk te gieten. Dat symboliseert de vereniging van tegengestelden om de juiste mix te krijgen. Gematigdheid heeft te maken met 'de juiste hoeveelheid', niet te veel en niet te weinig, niet te nat en niet te droog; geen overmaat.

De tegenstellingen kunnen staan voor leven en dood of dag en nacht. Op oudere kaarten wordt de engel afgebeeld in een rood met blauw gewaad om de combinatie van mannelijk en vrouwelijk te benadrukken. Op veel kaarten staat ze met een voet in het water en een voet op het droge land; ze vormt de brug die de twee met elkaar verbindt. Op sommige kaarten is een gouden en een zilveren kelk te zien, symbool voor de bewuste en de onbewuste geest, en de behoefte aan beweging tussen die twee.

DUIDING

De kaart Gematigdheid duidt op de behoefte aan steun. Het is tijd om met anderen samen te werken, dingen te delen en samen te voegen, in plaats van ze voor uzelf te houden. Hij verwijst naar het moment om anderen te zoeken om uw inspanningen te ondersteunen en manieren te vinden om te werken als een team in plaats van als tegenstanders. Dit is een kaart die vraagt om compromissen, die natuurlijk centraal staan in een geslaagde relatie. Gelukkige relaties zijn tenslotte relaties waarin beide partijen samenwerken voor elkaars bestwil, het belang van het geheel, niet alleen van het individu.

De vloeistof die van de ene schaal in de andere wordt gegoten, suggereert dat relaties beter worden als gevoelens gedeeld worden. Als water niet stroomt, ligt stilstand op de loer, net als een relatie in gevaar komt als gevoelens niet worden gedeeld.

KRACHT

KERNBEGRIPPEN

moed, zelfdiscipline, standvastigheid, vastberadenheid, uithoudingsvermogen

SYMBOLIEK

Op de kaart Kracht staat een jonge vrouw die vecht met een sterke leeuw. Ze temt het beest door zijn kaken open te houden; een teken van controle in plaats van destructie. De leeuw is een symbool van kracht en energie die moeten worden beheerst om zijn destructieve impulsen in te tomen. Dat het een vrouw is die het beest beteugelt, betekent dat de kracht die nodig is om te vechten met negatieve krachten, niets te maken heeft met fysieke moed, maar met emotionele vastberadenheid. Op sommige kaarten staat een man die met een leeuw vecht, een thema dat is verbonden aan de Griekse mythe van Heracles die met zijn blote handen met de Nemeïsche leeuw vocht. Hij slaagde erin hem te verslaan door zijn vacht als een onoverwinnelijke mantel te gebruiken die hem beschermde tegen alle vijanden. Dat betekent dat als de innerlijke dierlijke drang van de man positief wordt ingezet, er geweldige dingen kunnen worden bereikt.

DUIDING

Kracht geeft aan dat persoonlijke moed en discipline vereist zijn om een doel te bereiken. De strijd tussen mens en leeuw is een weerspiegeling van onverschrokkenheid, en hoewel de voorstelling van een man of vrouw die met een leeuw vecht fysiek is, heeft hij ook te maken met innerlijke strijd. Als we bijvoorbeeld op dieet gaan of stoppen met roken, krijgen we te maken met een interne strijd met aan de ene kant de behoefte te stoppen in het belang van onze gezondheid of ons uiterlijk en aan de andere kant de wil om op te geven en gewoon door te gaan met genieten van onze slechte gewoonten. Zelfdiscipline en -beheersing zijn nodig om het doel te bereiken. Eigenlijk is Kracht een beeld van persoonlijke discipline, waardoor ambities en verlangens kunnen worden bevredigd. Zonder inspanning en uithoudingsvermogen kan niets waardevols worden bereikt.

DE KLUIZENAAR

KERNBEGRIPPEN

eenzaamheid, geduld, kalme contemplatie en bespiegeling

SYMBOLIEK

De Kluizenaar is een symbool van ouderdom. Hij wordt soms 'De dwaas die half onderweg is' genoemd, een beetje wijzer, beheerster en minder ongeduldig. De Kluizenaar draagt een mantel met kap om hem te beschermen tegen de elementen van het leven, en hij leunt op zijn staf om energie te besparen. Zijn betekenis is voorzichtigheid en geduld, in tegenstelling tot De Dwaas die overloopt van enthousiasme, hoop en vertrouwen. De Kluizenaar is geen pessimist, maar hij is behoedzaam geworden door zijn leeftijd en ervaring; hij heeft geleerd een realist te worden. Hij heeft nog steeds hoop in de vorm van de lantaarn die hij omhooghoudt, maar hij let ook op het pad onder hem, in tegenstelling tot De Dwaas die alleen naar boven kijkt. Het is nacht en het landschap ziet er kil uit, maar toch is het uitzicht niet onplezierig. Het is tijd voor een terugtrekking uit het handelen om ruimte te maken voor innerlijke meditatie.

DUIDING

De Kluizenaar laat zien dat volwassenheid en geduld vredig kunnen zijn, en dat de drukte van de jeugd niet meer belangrijk is. Het is tijd om de ziel te onderzoeken en afzondering te zoeken die bewust is gekozen in plaats van opgedrongen. Hij staat voor tijd die alleen in meditatie en bespiegeling wordt doorgebracht in plaats van uit een gevoel van eenzaamheid. De Kluizenaar vindt het prettig alleen te zijn, wat niet hetzelfde is als eenzaam. Hij leert de lessen van alleen zijn, wat vaak een van de grootste angsten van de mens is. Als we de waarheid van alleen zijn eenmaal onder ogen zien, is die niet meer zo beangstigend. De Kluizenaar leert ons ook het verstrijken van de tijd te accepteren in plaats van ertegen te vechten. De beloningen die hij geeft, liggen dus op het gebied van geduld, tolerantie en kalmte.

De Kluizenaar wil niet zeggen dat het externe leven moet stoppen, maar alleen dat er aandacht moet worden besteed aan de interne wereld, want het is tijd voor reflectie in plaats van actie.

HET RAD VAN FORTUIN

KERNBEGRIPPEN

aanpassen aan situaties, een nieuw hoofdstuk, verandering in geluk

SYMBOLIEK

De afbeelding van het draaiende rad van fortuin stamt uit de Middeleeuwen en toont, als bekende tarotkaart, vier mannen die aan de velg van het wiel vastzitten. De godin die het rad draait is blind, wat het element van toeval symboliseert dat bestaat bij het toenemen of afnemen van het geluk van de mens. De man bovenop heerst, de man die daalt heeft geheerst, de man aan de basis van het deel heerst niet, terwijl de man onder op een dag zal heersen. En dat verwijst duidelijk naar de voortdurende pieken en dalen van het leven, en suggereert dat niemand ontheven is van een plotselinge verandering, ten goede of ten kwade.

Op sommige oudere kaarten staan twee mensen feestend boven op het rad, terwijl een derde man van de rand van een afgrond wordt gesmeten.

DUIDING

Deze kaart betekent een nieuw hoofdstuk dat op het punt staat te beginnen of een belangrijke beslissing die moet worden genomen. Het Rad van Fortuin is een merkwaardige mix van lot en vrije wil, wat aangeduid wordt door het wiel zelf. De as van het wiel blijft stabiel en vertegenwoordigt het ware zelf. Het ware zelf is verborgen voor de bewuste geest die op dezelfde manier handelt als de blinde godin die aan het rad draait, wat de verschillende kronkels en draaiingen van het leven tot gevolg heeft. Het is de bewegende cirkelomtrek van het rad dat gekoppeld is aan het lot. De as laat de velg draaien en maakt het daardoor verantwoordelijk voor alles wat op uw pad komt.

De verantwoordelijkheid nemen voor het verloop van uw leven, in plaats van het lot de schuld geven voor zaken die niet bevallen, is een krachtige weg om te kiezen. Het Rad van Fortuin suggereert dat het tijd is om zelf de verantwoordelijkheid voor uw leven te nemen.

DE GEHANGENE

KERNBEGRIPPEN

offer, het ene opgeven om iets waardevollers of gewilders terug te krijgen

SYMBOLIEK

De Gehangene is een vreemd beeld en wordt op de meeste kaarten afgebeeld als een man die aan zijn enkels is opgehangen aan de galg. Ondanks zijn duidelijk ongemakkelijke houding lijkt hij niet bang te zijn en is hij zelfs kalm. Hij wordt vaak afgebeeld met een been dat een omgedraaide driehoek vormt, wat de afdaling van hoger naar lager of van bewust naar onbewust symboliseert. Dat suggereert een offer; iets opgeven om iets beters te krijgen. Het beeld doet denken aan verschillende mythen, waaronder de Noorse mythe van de god Odin, die zich vrijwillig negen dagen en nachten aan een boom liet hangen om spiritueel inzicht te krijgen. Een andere interpretatie is dat de traditionele waarden van de maatschappij op zijn kop worden gezet en dat zaken vanuit een ander standpunt moeten worden bekeken.

DUIDING

De Gehangene duidt op de noodzaak om offers te doen om verbeteringen teweeg te brengen. De essentie van zijn offer is dat iets vrijwillig opgegeven moet worden om de kans op iets beters te vergroten. Het verschil tussen een offer brengen en winkelen is dat er bij offeren geen element van vertrouwen bestaat, omdat u niet zeker weet of u krijgt wat u wilt. Als u iets in de winkel koopt, zijn de regels duidelijk: x kost y en u kunt uw keuze op basis daarvan maken. Een offer betekent echter dat u bereid bent het ene op te geven voor het andere, terwijl er geen garantie is dat uw wens wordt vervuld. Er komt vertrouwen, hoop en verwachting bij kijken. De Gehangene suggereert de afdaling van het bewustzijn naar het onderbewustzijn, zodat u misschien ontdekt wat echt belangrijk voor u is.

DE DOOD

KERNBEGRIPPEN

transformatie, afscheid, einde van wat zijn nut heeft gehad

SYMBOLIEK

De kaart De Dood kan mensen afschrikken die de betekenis ervan niet helemaal begrijpen. Het gaat niet om de fysieke dood, maar over noodzakelijke veranderingen en einden die leiden tot een nieuw begin, zoals duidelijk in de seizoenen te zien is. Om zijn schedel draagt De Dood soms een witte lijkwade, wat ooit een geboortewikkeldoek was. Het doodskleed vertegenwoordigt dus de nauwe band tussen geboorte en dood.

De figuur van de dood wordt vaak afgebeeld als een skelet dat koningen, bisschoppen, maagden en kinderen een kopje kleiner maakt. Dat is om te laten zien dat macht, status, schoonheid en jeugd geen bescherming bieden tegen de onvermijdelijke verandering die de dood eist van iets dat zijn tijd heeft gehad. De Dood treft iedereen en neemt nieuw leven met zich mee. De nadruk ligt hier op de transformatie van de ene fase naar de andere; het einde van een fase vormt het begin van een nieuwe.

DUIDING

U hoeft niet bang te zijn voor de kaart De Dood. De kaart wijst u op het feit dat iets zijn natuurlijke einde nadert. Dat kan gepaard gaan met droefheid of opluchting, en vaak met een combinatie van beide.

Er zijn zoveel situaties verbonden met De Dood, en veel ervan zijn gelukkige gebeurtenissen. Het huwelijk is bijvoorbeeld de dood van het vrijgezellenleven, maar we hopen dat het een gelukkige overgang zal zijn naar een gedeeld leven. Er is altijd iets nostalgisch aan een einde; andere voorbeelden zijn dus het stoppen met een baan, van school gaan of het huis verlaten. Dat zijn allemaal gezonde, noodzakelijke en gewenste veranderingen, maar toch roepen ze allemaal gevoelens op die door de dood worden uitgebeeld, dat wil zeggen: ze hebben allemaal te maken met afscheidnemen van een oude manier van leven. Zonder de dood is er simpelweg geen nieuw leven, alleen maar stilstand.

DE DUIVEL

KERNBEGRIPPEN

remmingen, blokkades en angsten die, als ze worden losgelaten, voor energie en levenslust zorgen

SYMBOLIEK

De Duivel is eveneens een kaart die mensen verontrust die zijn betekenis niet kennen. De Duivel wordt in het tarotspel vaak afgebeeld als halfbok, halfmens, met vleermuisvleugels en hoorntjes. Dat brengt hem in verband met de Griekse god Pan, de god van de ongetemde natuur en de seksualiteit. Hij was wellustig en sensueel, maar niet boosaardig. In de loop van de eeuwen is men hem echter gaan zien als verdorven, en de oude god van de natuur werd getransformeerd tot een duivel. Hij vertegenwoordigt onze natuurlijke driften die, als ze hun gang konden gaan, vaak meer problemen zouden opleveren dan als ze onder controle waren. Dat wordt gesymboliseerd door de naakte gevangenen wier kettingen losjes rond hun nek hangen. Hun handen zijn vrij om de ketenen te verwijderen, als ze daarvoor kiezen.

DUIDING

De Duivel suggereert de mogelijkheid van een grote kracht wanneer energie kan worden vrijgelaten in plaats van opgesloten. Het beeld van De Duivel als Pan, die aanbeden werd als een vruchtbare, levenskrachtige god van de overvloed, heeft de laatste eeuwen veel negatieve pers gekregen met als gevolg dat we ons schamen voor onze instinctieve aandrang. De Duivel laat zien dat het nodig is om alle aspecten van de natuur te accepteren, zowel duistere als heldere, zodat onze onderdrukte angst vrijgelaten kan worden om plaats te maken voor vrije, positieve energie. Als we dat niet toelaten, kunnen remmingen en fobieën zich onbewust opstapelen, waardoor een gezonde groei wordt tegengehouden. We moeten de 'duivel' in ons onder ogen komen, zodat we ermee kunnen leren leven en zijn energie positief kunnen gebruiken. De Duivel draagt de boodschap dat als dergelijke blokkades worden verwijderd, het vooruitzicht van groei en vooruitgang zal volgen.

DE TOREN

KERNBEGRIPPEN

oude, beperkende structuren afbreken,
een bliksemstraal die de weg voor u vrijmaakt

SYMBOLIEK

Het beeld van De Toren is een toren waar de bliksem inslaat, waardoor de bovenkant instort en de hele structuur wordt bedreigd. Het is een beeld van destructie, maar om een nieuw bouwwerk mogelijk te maken, moet het oude worden gesloopt. De bliksem staat voor goddelijk begrip, de vonk van inspiratie en visie die oude systemen doorziet en afbreekt, zodat er nieuwe kunnen verrijzen. De Toren zelf is een symbool van begrenzing en gevangenschap; hij is smal en beperkend, wat op een innerlijk niveau kan worden vertaald naar onderdrukte emoties. De Toren wordt soms gekoppeld aan de toren van Babel, gebouwd door Noahs afstammelingen met als doel om God te confronteren met de onrechtvaardigheid van de zondvloed. De Toren staat dus voor trots, hoogmoed en de opgeblazen ideeën van de mens die moeten worden gecorrigeerd.

DUIDING

De Toren verwijst naar de noodzakelijke afbraak van bestaande vormen om ruimte te maken voor nieuwe. Deze kaart duidt op de behoefte om nieuwe manieren te vinden om dingen te doen, omdat de oude star en bekrompen zijn geworden, net als het beeld van de toren zelf. Omdat de toren een door de mens gemaakt beeld is, suggereert hij dat dingen die onderzocht en veranderd moeten worden uit de maatschappij moeten komen en niet uit onszelf. Vaak leiden we ons leven zoals het ons is geleerd en kijken we nooit naar welke levensstijl echt bij ons zou passen; we vervolgen simpelweg het pad dat sinds onze jeugd voor ons is uitgestippeld. De Toren stuurt de boodschap om die zelfvoldaanheid aan te vallen. En, hoewel we uiteindelijk misschien besluiten niet te veranderen, is het belangrijk dat we voortdurend nadenken en evalueren. De bliksem staat voor nieuwe visies en mogelijkheden waaraan we veel aandacht moeten besteden.

DE STER

KERNBEGRIPPEN

licht na duisternis, hoop,
inspiratie en belofte

SYMBOLIEK

De Ster wordt gewoonlijk afgebeeld als een jonge vrouw die vaak naakt verschijnt als symbool van de waarheid. Ze giet water uit twee kruiken. Een deel van het water valt op het land, waardoor de aarde verfrist en vernieuwd wordt, en de rest keert terug naar de bron. Vaak wordt een grote ster omringd door zeven kleine sterren, samen acht: het getal van wedergeboorte en doop. Op veel kaarten staat de ibis, de heilige vogel van de Egyptische Thoth, een symbool van het vermogen van de ziel om hogere niveaus te bereiken. Sterren zijn eeuwenlang beschouwd als symbolen van navigatie en inspiratie; zeelieden gebruikten ze als kompaspunten, de bijbelse ster van Betlehem signaleerde de geboorte van Jezus en, volgens populaire liedjes, komen onze dromen uit als we 'wish upon a star'.

DUIDING

De Ster is een voorstelling van hoop en belofte. Hij duidt op een bedoeling, een doel om te bereiken en een ambitie om ons op te richten. De aanblik van sterren in de duistere nachtlucht is altijd geassocieerd met ontzag en magie, en de ster in een duiding brengt de hoop en het geloof met zich mee dat alles goed komt, zelfs als het tegenzit.

De Ster staat voor de wil om te leven en het optimisme om niet op te geven, ongeacht hoe moeilijk iets is. Zonder hoop of geloof is het moeilijk om perioden van angst en onzekerheid door te komen; de ster wordt dus beschouwd als een welkome kaart in het tarotspel. Het biedt een positief vooruitzicht en positieve verwachtingen die ons door stormachtige fasen slepen.

DE MAAN

KERNBEGRIPPEN

onzekere en verwarrende tijden,
gebrek aan duidelijkheid

SYMBOLIEK

Op veel kaarten staat De Maan in alledrie zijn gestalten: nieuw, vol en wassend; de symbolen voor de drie stadia van het leven van een vrouw: maagd, moeder en oud vrouwtje. De maan wordt altijd geassocieerd met het vrouwelijke, omdat de maancyclus (28 dagen, van nieuw naar wassend) de menstruatiecyclus weerspiegelt. De Maan is ook altijd verbonden geweest met vruchtbaarheid. Vroeger zag men de maan als de baarmoeder van waaruit alle leven ontstond en als het graf waarin alle leven aan zijn einde terugkeerde.

Vaak huilen honden of wolven naar de maan, wat staat voor de instinctieve kant van de mens en de onbewuste geest in zijn productiefste en fantasierijkste toestand. De poel onder aan de kaart is gekoppeld aan de bron van de vergetelheid van de onderwereld en, opnieuw, aan het onderbewustzijn dat, het dierlijke beeld versterkend, duidt op de creativiteit die in de alle mensen aanwezig, maar vaak verborgen is.

DUIDING

Als De Maan verschijnt in een duiding, wijst hij vaak op een periode van schommelingen. De Maan geeft een fase van onzekerheid en verwarring aan die, hoewel niet per se negatief, voor nogal wat onzekerheid zorgt. We houden misschien graag de controle over ons leven, maar De Maan in een duiding suggereert dat helderheid en controle geen opties zijn tijdens deze fase van het leven. Integendeel: het is een tijd van chaos en onthutsing die, hoewel we er misschien niet van genieten, toch erg creatief kan zijn als we onze intuïtie en gevoelens maar hun gang durven laten gaan.

Dit is niet het moment om harde beslissingen te nemen; het is tijd om ideeën langzaam te laten opkomen en te filteren vanuit het onderbewustzijn. Het is belangrijk ze zo lang mogelijk toe te staan, in plaats van een beslissing te forceren, simpelweg omdat dat minder beangstigend is.

DE ZON

KERNBEGRIPPEN

optimisme, positieve energie,
uitbundigheid, vrolijkheid

SYMBOLIEK

De Zon toont vaak een kind dat op een wit paard rijdt. Het kind is een teken van nieuw leven en hoop. Op sommige kaarten houdt het kind de zon vast, en op andere vult een enorme zon de hemel. Zonnebloemen en sinaasappels, beide zonnebeelden, versieren de scène vaak. De Zon is een symbool van mannelijke energie.

De reis van de zon duurt een jaar, in tegenstelling tot de maandelijkse cyclus van de maan, en gaat gepaard met een thema van dood en wedergeboorte. De zonnestralen zijn het zwakst in de winterzonnewende die de stervende god symboliseert. Na dit punt worden de dagen geleidelijk langer, wat de geboorte van een nieuwe god symboliseert. In de zomerzonnewende is de zon op zijn sterkst en wordt hij beschouwd als de hemelse heerser op zijn hoogtepunt. De reis van de zon door de lente, zomer, herfst en winter vertegenwoordigt de reis van het leven door geboorte, jeugd, volwassenheid en de oude dag.

DUIDING

De Zon luidt een tijd van vreugde en vooruitgang in. Waar de maan staat voor onzekerheid en twijfel, symboliseert de zon heldere visie, vertrouwen en een positieve houding. De Zon is duidelijk de kaart van overdag en is daardoor verbonden met helderheid, energie en duidelijkheid, in tegenstelling tot de duistere, schaduwrijke nachtkaart De Maan. De zon en maan, die in de mythologie tweelingen waren, vormen de twee helften van een geheel; los van elkaar zouden ze onstabiel zijn. Enthousiasme, vreugde en optimisme zijn allemaal positieve aspecten die gekoppeld zijn aan de zon, maar ze moeten gematigd zijn, omdat ze anders negatief worden: ongevoeligheid, overmoed en bandeloosheid. De zon zorgt zeker voor de rijpheid van fruit, maar als zijn stralen te lang te sterk zijn, kan het vocht volledig verdampen.

HET OORDEEL

KERNBEGRIPPEN

karma, oogsten wat gezaaid is,
wederopstanding, vernieuwing

SYMBOLIEK

Op de kaart Het Oordeel is vaak een engel afgebeeld die de doden oproept te herrijzen. Lichamen staan op uit hun kisten, met hun armen uitgestrekt. Ze werpen vaak hun lijkwaden af wanneer ze zich klaarmaken om het nieuwe leven te omarmen dat ze is gegeven door de engel van het oordeel. Er staan vaak drie figuren op die herrijzen; die staan voor de geest, het lichaam en de ziel, die allemaal beoordeeld moeten worden.

Op een aantal kaarten drijven de kisten in een zee of rivier, wat past bij de notie dat een rivier overgestoken moet worden om het beloofde land te bereiken, of dat nou de Griekse Styx of de christelijke Jordaan is. Op het moment van de verrijzenis wordt het leven van iedere ziel beoordeeld; de kaart toont de behoefte om na te denken over het leven dat we tot nu toe hebben geleid om te bepalen hoe we in de toekomst verder gaan.

DUIDING

Het Oordeel impliceert de behoefte aan evaluatie en zelfbeoordeling. Het is tijd om te resumeren en emotionele rekeningen te vereffenen door terug te kijken op het recente verleden. Zo kunnen we zaken in het juiste perspectief plaatsen en ons opmaken voor de toekomst.

De kaart Het Oordeel duidt erop dat de tijd rijp is voor een periode van zelfbeoordeling: een eerlijke blik op uzelf, uw handelingen en uw motivatie. Dat betekent dat u uw prestaties kritisch bekijkt, zonder ze te over- of onderschatten. Een oordeel is de laatste afrekening van een zaak, een tijd om oude schulden af te betalen als voorbereiding op een nieuw begin. Het suggereert dat wat latent was tot leven zal komen, zoals gesymboliseerd door de doden die opstaan uit hun graf. Het Oordeel wijst er ook op dat de beloningen voor prestaties uit het verleden eindelijk aanstaande zijn.

DE WERELD

KERNBEGRIPPEN

succes, voltooiing, een behaalde prijs of doelstelling, verworvenheid

SYMBOLIEK

De Wereld wordt vaak afgebeeld als een figuur die danst in een lauwerkrans. De laurier is de plant van succes en grote prestaties, en de cirkel vertegenwoordigt de ouroboros (een slang die zichzelf in zijn staart bijt), een symbool van de eeuwigheid. In de vier hoeken staan de vier vaste tekens van de dierenriem: taurus de stier, leo de leeuw, scorpio de schorpioen en aquarius de waterman, die corresponderen met de lente, zomer, herfst en winter, en met de vier elementen aarde, vuur, water en lucht, die de alchemisten combineerden tot een volmaakte vijfde. Ether, het vijfde element, wordt gesymboliseerd door de centrale figuur op de kaart, die gedrapeerd is in een sjaal om zijn sekse te verbergen, want het is een hermafrodiet, half-man en half-vrouw; een beeld van compleetheid en balans. De combinatie van de elementen impliceert een harmonieuze samensmelting met de natuur en de onderliggende eenheid van alle leven.

DUIDING

De Wereld symboliseert een voltooiing. De laatste kaart in de grote arcana duidt een tijd van feesten aan en het heerlijke gevoel dat vergezeld gaat van een gelegenheid waarbij iets wordt afgesloten of hersteld. Hij beschrijft een sterk bevredigend gevoel van succes en voltooiing. Wat dat betreft is het een kaart die een hoogtepunt suggereert.

Elke prestatie of voltooiing wordt soms echter gevolgd door een gevoel van leegheid, omdat het doel bereikt is en de droom verwezenlijkt. Op dat moment staat de gekroonde, dansende figuur die de voltooiing viert in de lauwerkrans van het succes plotseling opnieuw op om de foetus in de baarmoeder te worden, wachtend om herboren te worden als De Dwaas in de reis zonder einde.

DE KLEINE ARCANA

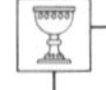

KELKEN AAS

KERNBEGRIPPEN

nieuwe relaties, krachtige emoties, liefde, huwelijk of moederschap

SYMBOLIEK

Op veel kaarten wordt De Kelken Aas afgebeeld als een versierde kelk met vijf waterstromen die overstromen in een poel of een meer. De vijf stromen zijn verbonden met de vijf zintuigen – gezicht, gevoel, gehoor, smaak en reuk – en de poel staat voor de wereld van de emoties. Het overstromen van de kelk suggereert een overvloed aan goedheid. Op veel kaarten is de vijver bedekt met waterlelies, het symbool van emotionele groei. Soms wordt een duif afgebeeld als symbool van vredige, liefhebbende emoties. De kleur van de kelken is verbonden met het element water en daardoor met het gevoel.

DUIDING

Als nummer één vertegenwoordigen alle azen een nieuw begin of een frisse start. In het geval van de kelken ligt dit nieuwe begin waarschijnlijk op het gebied van relaties of het gevoelsleven. Dat kan zich uiten in een liefdesaffaire tussen twee volwassenen of een stroom van emoties naar een kind. Het belangrijkste kenmerk is de kracht van het gevoel, dat zo sterk is dat de kelk overstroomt. De Kelken Aas staat voor het zuiverste aspect van emotionele energie en duidt op de winst die kan worden behaald uit een liefhebbende relatie.

KELKEN TWEE

KERNBEGRIPPEN

vriendschap, liefhebbende relaties, platonisch en romantisch

SYMBOLIEK

De Kelken Twee is een symbool van evenwicht, vaak afgebeeld als een man en vrouw om de balans van tegengestelden te symboliseren. Ze ruilen kelken of bieden elkaar een kelk aan. Dat slaat op de gelijkheid tussen de mannelijke en vrouwelijke principes. Op sommige kaarten staat bovenaan een gevleugelde leeuw of is een leeuw gegraveerd in stenen kolommen. Dat beeldt de vleselijke lust van de leeuw uit en de vleugels van de ziel, die gecombineerd een gelukkige balans vormen tussen de fysieke en de spirituele liefde. Er is een harmonieuze interactie tussen de twee.

DUIDING

De Kelken Twee verwijst naar een nieuwe relatie die begint. Het kan het begin van een romance betekenen of het sluiten van een sterke vriendschap of platonische band. De kaart duidt op de overtuiging van de gevoelens van beide partijen en kan een overeenkomst of uitwisseling van verbintenissen suggereren. De Kelken Twee wijst soms op de verzoening van tegenstellingen en het opheffen van meningsverschillen. Het is een kaart van harmonie en verbondenheid, waarbij altijd beide kanten van een situatie in ogenschouw worden genomen.

KELKEN DRIE

KERNBEGRIPPEN

feesten, plezier, uitgelatenheid

SYMBOLIEK

De afbeelding van De Kelken Drie is er vaak een van vreugde en plezier. Drie prachtige figuren dansen samen en houden hun kelken in de lucht, alsof ze een toast uitbrengen bij een prettige speciale gelegenheid. Op sommige kaarten staat een fontein die symbool staat voor de stroom van gevoelens. De figuren zijn gewoonlijk maagden gekleed in loshangende gewaden die de spontane emotie symboliseren, terwijl bloemenkransen om hun hoofd een speciale gelegenheid markeren.

DUIDING

De Kelken Drie betekent dat het tijd is voor vreugde en feest. Een speciale gebeurtenis wordt vaak bekroond met een feest en aangezien de kelk is verbonden met het gevoel, is die gebeurtenis waarschijnlijk een emotionele. Dat kan een bruiloft zijn, een verjaardag of misschien een doopfeest. De Kelken Drie belooft geen oneindig geluk, maar een speciaal moment dat, hoewel kort, heerlijk is zolang het duurt. Net als de nummers drie in andere kleuren staat De Kelken Drie ook voor een eerste voltooiing, iets wat de basis legt voor toekomstige groei.

KELKEN VIER

KERNBEGRIPPEN

verveling, levensmoeheid, eentonigheid

SYMBOLIEK

De Kelken Vier toont een man, soms een vrouw, die in een sombere houding zit en wanhopig naar drie staande kelken staart. Een vierde kelk verschijnt als een wonder uit een hand in een wolk. De figuur zit in kleermakerszit met zijn armen strak over elkaar heen, alsof hij bewust alles wil weigeren wat hem aangeboden wordt. Het beeld van de trieste, ongelukkige figuur roept een gevoel van onvrede op; de drie kelken op de voorgrond zijn tot aan de rand gevuld, symbool voor een overvloed aan mogelijkheden die wordt geboden, maar de figuur doet geen poging zijn hand naar een van de kelken uit te steken.

DUIDING

De Kelken Vier suggereert een diep gevoel van ongenoegen of ergernis, hoewel er in werkelijkheid geen reden lijkt te zijn voor zulke emoties. Een gevoel van lusteloosheid en ontgoocheling overheerst, hoewel dat vanuit een praktisch oogpunt onnodig is. Als De Kelken Vier in een legpatroon verschijnt, is het mogelijk dat u verveeld en humeurig bent en dat dat gevoel eerder van binnenuit komt dan van buitenaf. De kaart duidt er ook op dat de oplossing in dit geval in uzelf ligt. Het is tijd om uw ziel aan een onderzoek te onderwerpen om alles weer in het juiste perspectief te krijgen.

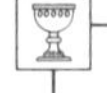

KELKEN VIJF

KERNBEGRIPPEN

spijt over gedane zaken, verdriet; iets is verloren, maar toch blijft er iets anders intact

SYMBOLIEK

Op De Kelken Vijf wordt vaak een gebogen figuur afgebeeld die verdrietig staart naar drie of vier omgevallen kelken. De vloeistof loopt weg en staat symbool voor wat er verloren is gegaan. Achter de droevige figuur staan echter nog één of twee kelken, rechtop en vol, om aan te geven dat niet alles is verloren. De figuur concentreert zich alleen op de omgevallen kelken en de geknoeide vloeistof, niet op wat er is overgebleven en nog mogelijk is. Op sommige versies van de kaart staat een brug over een rivier, wat aangeeft dat er een manier is om te ontsnappen uit een droevige situatie.

DUIDING

De Kelken Vijf is een beeld van somberheid of verdriet, zoals te zien is aan de geknoeide vloeistof en de omgevallen kelken; toch is er duidelijk nog hoop. De volle, staande kelken zijn een aanwijzing dat er nog iets te redden valt aan de trieste situatie, maar u moet om u heen kijken om ze te vinden. Deze kaart beschrijft de veel voorkomende menselijke neiging om te treuren over wat er verloren is gegaan in plaats van het beste te maken van wat er nog over is. Hoewel de kaart op moeilijkheden duidt, is hij geenszins negatief. Hij staat voor spijt en verdriet, maar is niet zonder hoop of verwachting, op voorwaarde dat de figuur zich omdraait.

KELKEN ZES

KERNBEGRIPPEN

wensen uit het verleden komen in het heden tot wasdom, nostalgie, herinneringen

SYMBOLIEK

Op De Kelken Zes staan twee kinderen, soms een jongen en een meisje als symbool van evenwicht, maar vaker een meisje en een dwerg die samen bloemen schikken. De dwerg is een symbool van ouderdom en wijsheid uit het verleden, die gebruikt wordt om in het heden een kijk op een betere toekomst te krijgen, gesymboliseerd door het meisje. De kaart suggereert dat liefde generaties op een positieve manier kan overstijgen. Op sommige kaarten staat een plattelandstuintje of een dorpspleintje dat een beeld oproept van jeugdige luchtigheid en bescherming. De witte bloemen staan voor de onschuld en zuiverheid van kinderdromen en -wensen.

DUIDING

De Kelken Zes suggereert dat een wens of een lang gekoesterd verlangen uit het verleden in de toekomst kan opduiken. Het kan zijn dat een ontmoeting met een jeugdvriend vruchten kan afwerpen voor het hier-en-nu. Het is een tijd waarin herinneringen zeer belangrijk zijn, hoewel de kaart er ook voor waarschuwt te veel naar het verleden te kijken om de mogelijke oorzaak van de ellende van het heden te zoeken. Het is een kans om terug te kijken en te leren van ervaringen. Toch moet er een evenwicht worden gevonden om te veel nostalgie te vermijden. Die kan ertoe leiden dat het heden niet onder ogen wordt gezien. Over het algemeen is de zes een harmonieus getal dat een gevoel van evenwicht suggereert.

KELKEN ZEVEN

KERNBEGRIPPEN

verbeelding, creativiteit, dagdromen, luchtkastelen

SYMBOLIEK

Op De Kelkenzeven staat een figuur met fantastische visioenen afgebeeld die uit zeven, door wolken ondersteunde kelken komen. De verbazingwekkende beelden, die als bij toverslag verschijnen, duiden op de fantasiewereld van dromen en slaan dus op creativiteit. De duif staat voor de spirituele wereld, de lauwerkrans voor succes, de juwelen voor rijkdom en de draak voor kracht. Uit een van de kelken komt een kasteel te voorschijn dat symbool staat voor stabiliteit, terwijl de slang uit een van de andere kelken naar seksualiteit verwijst. Op de middelste kelk staat een mysterieuze gesluierde figuur als symbool van het ware zelf, dat erop wacht ontdekt te worden.

DUIDING

De Kelken Zeven verwijst naar de noodzaak om een keuze te maken. Er zijn natuurlijk veel mogelijkheden om over na te denken, zoals uitgebeeld wordt door de fantastische serie visoenen die uit de zeven kelken te voorschijn komen. Als u wilt slagen, is het belangrijk dat u zich concentreert op slechts één of twee keuzen tegelijkertijd; anders blijft alles één verwarrende droom. Het probleem dat deze kaart toont, is hoe u de hoeveelheid opties verkleint om alleen de realistische mogelijkheden over te houden. Als u definitief wilt kiezen uit alle mogelijkheden die u in het begin zijn voorgeschoteld, bestaat het gevaar dat de opties allemaal fantasieën zullen blijven en nooit realiteit zullen worden.

KELKEN ACHT

KERNBEGRIPPEN

zich afwenden van het bekende,
het onbekende tegemoet gaan

SYMBOLIEK

De Kelken Acht toont een reiziger met kap die met zijn rug staat gekeerd naar acht kelken die duidelijk zorgvuldig in een bepaalde volgorde zijn neergezet. Op sommige kaarten vormen ze een boog, op andere staan ze netjes op een rijtje. Er is hoe dan ook veel aandacht besteed aan het neerzetten van de kelken. De figuur loopt door alsof hij beseft dat wat hij heeft gepresteerd geen betekenis meer heeft of niet meer voor hem werkt. Hij loopt richting een bergketen, wat betekent dat hij onderweg is naar iets met een hogere waarde en een diepere betekenis dan wat hij net heeft bereikt.

DUIDING

De Kelken Acht wijst erop dat het tijd is om iets uit het verleden los te laten. Aan de zorg waarmee de kelken zijn neergezet, is te zien dat er veel energie is gestoken in een relatie of project, maar dat die niet meer werkt en achtergelaten moet worden. Er komt een tijd dat het duidelijk is dat een situatie, of misschien een relatie, op zijn einde is gelopen en dat de enige reactie weglopen is. Op de afbeelding kijkt de figuur met de kap niet terug, maar gaat het onbekende tegemoet, gesymboliseerd door de kale heuvels in de verte. Er is vertrouwen voor nodig om het bekende achter te laten, maar er zijn situaties waarin dat echt het beste is.

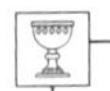

KELKEN NEGEN

KERNBEGRIPPEN

emotioneel en fysiek genot, voldoening

SYMBOLIEK

De Kelken Negen verwijst naar een tijd van vermaak en zintuiglijk genoegen. Op sommige kaarten staat een goedgeklede, goed doorvoede man die onder een boog van negen kelken zit. Het plaatje suggereert een tijd van emotionele en lichamelijke voldoening. Andere kaarten tonen de sensualiteit van De Kelken Negen via een somptueus feestmaal met een elkaar omarmend koppel. Dat duidt op een tijd van plezier, feest en beloning. Het eten, de wijn en de bloemen strelen alle zintuigen, en de indruk van romantische liefde is duidelijk. De fonteinen op de achtergrond symboliseren de 'waterige', emotionele aard van De Kelken Negen.

DUIDING

De Kelken Negen verwijst naar genot en plezier. Het is eerder een kortstondige ervaring dan aanhoudend genot; een tijd van kortetermijnextase in tegenstelling tot langetermijnvoldoening. Toch is het een opwindende tijd en zeker een moment om zeer van te genieten, omdat het niet elke dag voorkomt. De Kelken Negen heeft te maken met dromen die werkelijkheid worden. Omdat de kaart in de kleur kelken zit, ligt de nadruk op het gebied van gevoel en emoties; relaties staan dus op de voorgrond wanneer deze kaart opduikt in een duiding.

KELKEN TIEN

KERNBEGRIPPEN

blijvende tevredenheid, lol in simpele dingen,
gelukkig gezinsleven

SYMBOLIEK

Op De Kelken Tien staat een scene van teder geluk afgebeeld die zich concentreert op de vreugde van het gezinsleven. Een stel omhelst elkaar, terwijl hun kinderen harmonieus aan het spelen zijn. Achter hen staat een huis, een symbool van stabiliteit en veiligheid: de plek die het gezin onderdak geeft en beschermt tegen de harde wereld. Het koppel staat als een eenheid naast elkaar, als symbool van de liefde en samenwerking die hun gezin zal ondersteunen. Hun kinderen, een jongen en een meisje, staan voor de harmonie waarnaar iedere nieuwe generatie streeft en die de beste hoop is die de mensheid te bieden heeft voor de toekomst.

DUIDING

De Kelken Tien suggereert een tijd van blijvende voldoening, in plaats van een korte periode van intense vreugde. Het is duidelijk dat extreem genot, zoals gesuggereerd op De Kelken Negen, niet voor altijd doorgaat, maar voldoening wel. De Kelken Tien verwijst naar het soort bevrediging dat we bereiken door voortdurende inspanningen in plaats van naar een spontaan moment van geluk of toeval. Het is het verschil tussen verliefd worden en zielsveel van iemand houden. Het eerste is extatisch, terwijl het laatste langer duurt, maar minder gepassioneerd en intens is. De Kelken Tien beperkt zich niet tot het gezin; hij kan verwijzen naar elke soort relatie en ook naar creativiteit in het algemeen.

KELKEN SCHILDKNAAP

KERNBEGRIPPEN

nieuwe gevoelens, een nieuwe relatie, de geboorte van een kind

SYMBOLIEK

Schildknapen worden traditioneel geassocieerd met boodschappers die, over het algemeen, de eersten zijn om nieuws te brengen. De voorstelling op veel kaarten is een jonge persoon, man of vrouw, die een kelk vasthoudt waaruit een vis te voorschijn komt. De vis staat voor creatieve verbeelding en voor nieuw leven. De jeugdige persoon lijkt voornaam, dromerig en zachtaardig, zoals hij de kelk teder vasthoudt. Op sommige kaarten staat hij voor een plas water die verwijst naar het gevoel, en hij is gekleed in een tuniek versierd met vissen, nog een watersymbool. Het beeld is kalm en betekent dat het tijd is voor reflectie.

DUIDING

De Kelken Schildknaap duidt op een tijd voor geboorte; letterlijk, de geboorte van een kind, of figuurlijk, de geboorte van gevoelens, de geboorte van een relatie of de geboorte van creatieve ideeën die kunnen leiden tot grote prestaties. De schildknaap vertegenwoordigt de zaden van iets, en, in de waterkleur kelken, ontstaat de geboorte waarschijnlijk op een plek die geïnspireerd is of geregeerd wordt door emotie in plaats van verstand. De zaadjes moeten zorgvuldig worden gevoed om ze te laten kiemen, en dat geldt ook voor relaties of kinderen. Ze hebben een sterke basis nodig van waaruit ze groot en sterk kunnen worden.

KELKEN RIDDER

KERNBEGRIPPEN

de minnaar, iemand die een relatie of huwelijk voorstelt

SYMBOLIEK

De Kelken Ridder wordt vaak afgebeeld als een knappe, voornaam uitziende jongeman die op een mooi wit paard rijdt. Hij beweegt zich kalm voort, in tegenstelling tot de wild galopperende Staven Ridder of de snelle Zwaarden Ridder. De Kelken Ridder is elegant en gracieus in zijn met vissen versierde tuniek, en zijn gevleugelde helm staat voor zijn spirituele aspiraties. Vaak is het platteland groen en plezierig. Een rivier die door het landschap meandert, symboliseert het element water, wat deze kleur verbindt met het gevoel. De figuur wordt vaak afgebeeld met een gouden kelk in zijn linkerhand, de kant die verbonden is met gevoeligheid en creativiteit.

DUIDING

De Kelken Ridder vertegenwoordigt de minnaar of iemand die een relatie of huwelijk voorstelt. Hij kan verbonden zijn met het zoeken naar de volmaakte liefde. Hij deelt zijn zoektocht naar waarheid, schoonheid en liefde met de ridders die hun leven doorbrengen met het zoeken naar de heilige graal. De verschijning van De Kelken Ridder kan betekenen dat u in uw hart de romantische liefde die hij representeert moet cultiveren. Of hij betekent dat het verlangen om liefde en romantiek te vinden op dit moment erg belangrijk is. Er kunnen echter ook relaties met een platonisch karakter opbloeien onder invloed van deze kaart, omdat hij niet alleen voor romantische liefde staat.

KELKEN KONINGIN

KERNBEGRIPPEN

iemand van wie wordt gehouden en die wordt bewonderd, een begeerlijk liefdesobject

SYMBOLIEK

Op kaarten wordt De Kelken Koningin afgebeeld als een wonderschone vrouw die op een versierde troon zit, vaak aan de rand van een meer of de zee. Soms ís de troon versierd met zeemeerminnen, de legendarische wezens die het gat tussen mens en vis vullen. Ze tonen de behoefte de grenzen tussen het bewuste en het onderbewuste te vervagen. De gewaden van De Kelken Koningin lijken op te gaan in het water als symbool van de ongeremde band met haar gevoel. Ze kijkt ingespannen naar haar kelk – een symbool van haar eigen gevoelswereld – alsof haar gevoel het belangrijkste voor haar is.

DUIDING

De Kelken Koningin duidt op de behoefte om de wereld van het gevoel te begrijpen en erover na te denken. Het kan zijn dat iemand in uw leven verschijnt die echte liefde in u oproept of dat u zelf het onderwerp wordt van oprechte affectie. Hoe dan ook verandert de ervaring uw leven en moet u in een zee van gevoelens duiken. Het rijk van de gevoelens is irrationeel; het kan niet worden gecontroleerd met behulp van de bewuste geest, wat het vaak zo beangstigend maakt. Liefde brengt zowel vreugde als verdriet met zich mee, en als De Kelken Koningin in een duiding verschijnt, moet u met beide rekening houden.

KELKEN KONING

KERNBEGRIPPEN

een goede raadgever, attente luisteraar of gevoelige vriend

SYMBOLIEK

De Kelkenkoning zit op veel kaarten aan de rand van de zee en op andere kaarten wordt zijn troon daadwerkelijk omgeven door water. Toch worden zijn gewaden niet nat, in tegenstelling tot de kelkenkoningin die graag in de zee opgaat. De koning lijkt minder ontspannen; hij zit rechtop op zijn troon en houdt zijn kelk in de ene hand en een globe of scepter in de andere. Het symbool van zijn gevoelens – de kelk – wordt gebruikt om macht en autoriteit aan te duiden. Hij draagt een grote vis rond zijn nek, maar achter hem springt een echte vis uit het water, wat symbool staat voor gevoelens die niet opgesloten of gevangenzitten, zoals de vis rond zijn nek.

DUIDING

De Kelken Koning representeert vaak een goede, aardige vriend of adviseur. Hij symboliseert iemand die graag de helpende hand biedt, maar zich enigszins ongemakkelijk voelt bij diepe emoties. De kelk staat voor het gevoel, een vrouwelijk element, en voor de kelkenkoning die mannelijke energie belichaamt, kan dat behoorlijk ongemakkelijk zijn. De Kelken Koningin voelt zich erg thuis bij het element water, terwijl De Kelken Koning er minder bij op zijn gemak is. Hij praat liever over gevoelens en luistert naar andere mensen die hun gevoelens uiten, dan dat hij in contact wil komen met zijn eigen gevoelens. Deze kaart wordt vaak geassocieerd met mensen die werkzaam zijn in de kerk of in de hulpverlening. Ze geven advies over spirituele of emotionele zaken zonder dat ze bang hoeven te zijn voor persoonlijke betrokkenheid.

STAVEN AAS

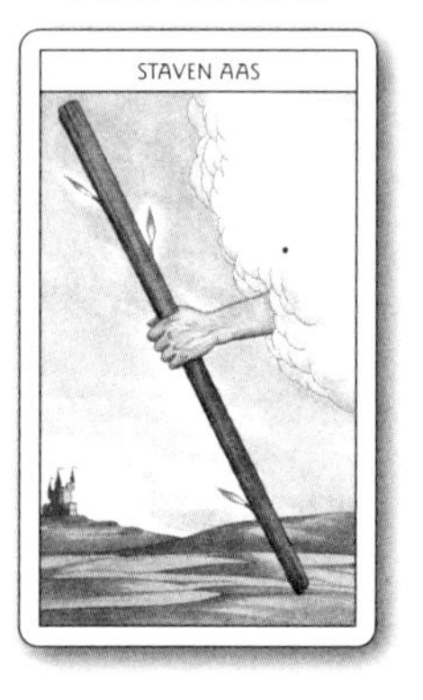

KERNBEGRIPPEN

energie, passie, creatieve hartstocht, opwinding

SYMBOLIEK

De Staven Aas wordt vaak afgebeeld als een hand die uit de hemel steekt en een stevige, ontkiemende tak vasthoudt. De wolken vertegenwoordigen een geschenk van het goddelijke, en op sommige kaarten wordt de tak afgebeeld met kleine vlammetjes in plaats van blaadjes, omdat de energie van de kleur staven vurig is. Daarnaast is de aas het teken van een belangrijk nieuw begin, en het element vuur correspondeert met de creatieve verbeelding. Deze combinatie kan tot een zeer positief resultaat leiden. Op De Staven Aas staat soms een kasteel in de verte, die staat voor de belofte van gerealiseerde mogelijkheden, hoewel die belofte tamelijk ver weg is. Toch biedt hij hoop en een doel om u op te richten.

DUIDING

De Staven Aas betekent een krachtige stroom van energie en enthousiasme voor een nieuw project. Dat kan een nieuwe zakelijke onderneming of een plan zijn waarbij creatieve gedachten komen kijken. Er is volop interesse en enthousiasme beschikbaar die kunnen worden ingezet om iets nieuws te doen. Dit is het moment waarop creatieve ideeën en opwindende visies in overvloed bestaan. Het is de kaart van ingenieuze en vernieuwende dromen die werkelijkheid kunnen worden als het noodzakelijke harde werk en de nodige moeite worden toegevoegd aan de vurige mix van de aas en de staven.

STAVEN TWEE

KERNBEGRIPPEN

een poging om een doel te bereiken is gaande,
vroeg stadium van een plan

SYMBOLIEK

Op de voorstelling van De Staven Twee is vaak een man te zien die lijkt na te denken over zijn volgende stap op een reis. Meestal kijkt hij op een kademuur van een haven uit op de zee, alsof hij staat te denken over de volgende actie die hij moet ondernemen. Hij houdt twee stokken stevig op hun plaats, wat symbool staat voor de basis die hij heeft gelegd; maar er moet nog veel gebeuren. Soms zijn de kademuren op deze kaart versierd met het motief van een lelie en een roos die respectievelijk staan voor zuivere gedachten en verlangen; samen vormen ze een goede balans tussen de twee.

DUIDING

Als De Staven Twee in een duiding verschijnt, betekent dat dat, hoewel woorden zijn omgezet in daden en de basis al is gelegd, er nog veel te doen is. De ideeën die zijn begonnen in De Staven Aas zijn vertaald naar iets echters en concreters in De Staven Twee, maar het is nog vroeg dag. De kaart duidt op ambitie en hoge idealen en er kan, op voorwaarde dat men de huidige koers volgt, een positief gevoel van succes ontstaan. Hoewel er nog veel obstakels zijn, kunnen de slimme intuïtie en het initiatief van de vurige staven worden gebruikt om die te overwinnen.

STAVEN DRIE

KERNBEGRIPPEN

voltooiing van de eerste fase; prestaties en voldoening die omslaan in rusteloosheid

SYMBOLIEK

De Staven Drie bevat vaak een nieuw optreden van de figuur uit De Staven Twee. Maar hij heeft nu de veiligheid van de haven verlaten en wordt afgebeeld in het open landschap van een ander land. Hij heeft drie stokken stevig in de grond geplant, als een indicatie van zijn vooruitgang. Toch staart hij nog over het water, hoewel het deze keer een ander gebied is. Dat betekent dat hij vooruitgang heeft geboekt en nu klaar is voor een volgende fase. Op sommige kaarten zijn schepen aan de horizon te zien, die symbool staan voor zijn fantasie.

DUIDING

De Staven Drie duidt op de voltooiing van het eerste stadium van een project dat op een natuurlijke manier de weg vrijmaakt voor een nieuwe, voorheen onvoorstelbare, fase. De drie is het getal van de eerste voltooiing, niet het einddoel, en het getal verwijst dus naar een gevoel van tevredenheid en voldoening om het bereiken van het gestelde doel. Het probleem is dat het eerste doel nu niet meer genoeg is en dat er inspanningen nodig zijn om het nieuwe doel te bereiken dat zich begint af te tekenen. De pogingen tot dusverre zijn beloond, maar omdat er nieuwe, interessante uitdagingen zijn ontstaan, wordt het duidelijk dat er nog veel meer kan worden bereikt.

STAVEN VIER

KERNBEGRIPPEN

beloning, rust en dankzegging volgend op een periode van hard werken

SYMBOLIEK

Op veel kaarten van De Staven Vier staat een vreugdevolle scène. Uitbundige guirlandes van fruit en bloemen hangen aan vier wanden om een feestelijke schaduwplek te maken. De scène symboliseert de viering van een belangrijke prestatie. Vaak houdt een man een lauwerkrans omhoog; de plant die staat voor verworvenheden en succes. Het beeld is vrolijk, want het lijkt erop dat een groep mensen bij elkaar is gekomen om een speciale gelegenheid of gebeurtenis te markeren. De festiviteiten vinden bij een kasteel plaats, het symbool van welzijn en veiligheid.

DUIDING

Het verschijnen van De Staven Vier is een aanwijzing voor de tijd die is gewijd aan het eren van prestaties. De kaart beeldt vreugdevolle vieringen uit en suggereert dat het een goed, zo niet absoluut noodzakelijk, idee is om u over te geven aan wat welverdiende festiviteiten om het einde van een bepaalde werkfase af te sluiten. Het is belangrijk om de tijd te nemen om te ontspannen en waardering te tonen voor gedane inspanningen en prestaties voordat u doorgaat met het volgende stadium. Het is tijd voor gelukwensen en die moeten openlijk gedaan en geaccepteerd worden, omdat dat verdere pogingen en inspanningen stimuleert.

STAVEN VIJF

KERNBEGRIPPEN

kleine problemen, vertragingen en frustraties

SYMBOLIEK

De Staven Vijf beeldt een spannende en bittere strijd af. Vijf mannen zwaaien met vijf enorme stokken in een scène van strijd en conflict. Hoewel het gevecht echt is, wordt er geen bloed vergoten; de manier waarop de stokken elkaar kruisen impliceert dat de creatieve verbeelding geblokkeerd en onderdrukt is en dat kleine obstakels verdere vooruitgang in gevaar brengen. Hoewel het een agressief en tegenstrijdig beeld is, wijst niets op echt gevaar of serieus geweld. Het is een scène van spanning en ontsteltenis die duidt op een gevecht. Dat gevecht moet worden doorstaan en overleefd in plaats van actief gewonnen.

DUIDING

De Staven Vijf suggereert een tijd van frustratie, ergernis en irritatie in plaats van een situatie die werkelijk bedreigend of vijandig is. Het leven spant samen om verlangens en wensen tegen te werken, maar niet op een echt destructieve of gemene manier. Er kunnen veel kleine dingen fout gaan en het opgetelde resultaat kan extreme frustratie en ergernis tot gevolg hebben. Dat is misschien niet echt plezierig, maar ook weer niet levensbedreigend. Wanneer De Staven Vijf opduikt in een duiding, is het vaak belangrijk om een gevoel van overzicht te krijgen.

STAVEN ZES

KERNBEGRIPPEN

openbare bijval en respect,
succes in de ogen van de wereld

SYMBOLIEK

De Staven Zes wordt vaak afgebeeld als een beeld van triomf. Een man gekroond met een lauwerkrans van succes rijdt op zijn paard voor een bewonderende menigte uit. Aan zijn staf is een tweede krans vastgemaakt die duidt op verdere verworvenheden; hij houdt hem met trots in de lucht. Achter hem drukken mannen hun lof en bewondering uit door hun eigen stokken op te houden ter ere van zijn prestatie. Het is een beeld van een man die zich heeft onderscheiden en die geëerd en erkend wordt door deze groep. De beelden suggereren tevredenheid en een hoge eigendunk aan de kant van de overwinnaar en loyaliteit aan de kant van de menigte.

DUIDING

De Staven Zes verwijst naar een gevoel van vooruitgang en verworvenheden volgens een standaard die is gezet door het publiek. De kaart symboliseert prestaties die geëerd worden door de gemeenschap als geheel, in plaats van simpelweg door vrienden en familie. Het is geen kaart waarop persoonlijke inspanningen of prestaties in besloten kring worden erkend, maar eerder een daad die in het openbaar wordt geprezen. Het kan een promotie op het werk suggereren, of eer die in de ogen van het publiek verdiend is. Die eer gaat samen met een gevoel van voldoening en bevrediging, en de beloning van een gepaste erkenning voor het verdiende succes.

STAVEN ZEVEN

KERNBEGRIPPEN

stevige concurrentie, rivaliteit en tegenstand

SYMBOLIEK

De Staven Zeven toont een eenzame figuur die worstelt met zes takken die zichzelf op een tamelijk willekeurige manier aan hem lijken te presenteren. De man moet zichzelf duidelijk beschermen met zijn eigen tak als wapen en hij moet blijven letten op zowel de gevaren achter als voor hem. Er is behoefte aan moed en vastberadenheid, die allebei worden ingezet door de man om de takken op afstand te houden. De voorstelling stelt een spannende tijd voor waarin de hoofdfiguur zijn uiterste best doet om alert te blijven.

DUIDING

De Staven Zeven betekent harde concurrentie, zakelijk of persoonlijk. Die ontstaat vaak na een geslaagde prestatie. Wanneer een doel is bereikt, zoals gesymboliseerd in De Staven Zes, en een hoge standaard is gesteld, wordt er als gevolg meer vereist. Deze kaart suggereert een behoefte aan moed, vastberadenheid en doorzettingsvermogen om rivalen te overwinnen en tegenstanders te verslaan. De kaart kan duiden op het soort gezonde concurrentie dat alle deelnemers aanmoedigt om maximale resultaten te behalen, en op die manier zet elke speler hoger in.

STAVEN ACHT

KERNBEGRIPPEN

een goed moment voor actie en avontuur, veel energie

SYMBOLIEK

In sommige tarotspellen wordt De Staven Acht afgebeeld door takken die door de lucht vliegen in een vredig landschap. Soms is er een kasteel in de verte als symbool van de doelen die moeten worden bereikt. Het is van essentieel belang uw blik, hoewel de afstand groot is, gefocust te houden. Deze voorstelling symboliseert het element van activiteit en reizen dat is geassocieerd met de kaart. Op andere kaarten is een reis over zee te zien of een man die met een enorme boog stokken afschiet, als symbool van de overvloed aan creatieve ideeën en inspiratie die De Staven Acht onthult. Takken zijn verbonden met het element vuur en daardoor met fantasie, en deze kaart staat dus voor actie.

DUIDING

De Staven Acht duidt op actie. De kaart kan het einde van een periode van oponthoud of frustratie markeren – het soort ervaring dat beschreven is in De Staven Vijf – en hij staat voor ideeën die tot wasdom komen. Reisplannen worden vaak verwezenlijkt wanneer De Staven Acht in een duiding verschijnt, omdat hij een fase markeert waarin dromen op een actieve manier werkelijkheid worden. En wat voorheen een gril was, wordt concreet. Het gevoel van enthousiasme en optimisme dat verbonden is met de vurige staven werkt goed met het getal acht – het getal van de hergeboorte – om een positieve periode te krijgen waarin veel bereikt kan worden.

STAVEN NEGEN

KERNBEGRIPPEN

moeilijke tijden moeten met kracht en overtuiging onder ogen worden gezien

SYMBOLIEK

De Staven Negen laat een man zien die omringd wordt door takken, waarmee hij soms vecht. Meestal toont de kaart dat hij probeert stand te houden. Om zijn hoofd zit verband, dat aangeeft dat hij al heeft gevochten voor zijn territorium. Nu verdedigt hij het op een behoedzame manier. De wond op zijn hoofd kan betekenen dat zijn ideeën of dromen een deuk of klap hebben opgelopen, maar geen dodelijke, aangezien hij nog staat. De figuur is vastbesloten zich niet over te geven aan zijn vijand en bereid om zo nodig door te vechten, om te beschermen wat hem dierbaar is.

DUIDING

De Staven Negen vertegenwoordigt de behoefte aan een krachtsreserve en moed. De kaart duidt op een moeilijke periode waarin we zwaar op de proef worden gesteld en waarin elk beetje energie en kracht nodig is om problemen af te wenden of vijanden op afstand te houden. De Staven Negen suggereert dat er voldoende innerlijke kracht is om te gebruiken wanneer het leven de meeste spanning met zich meebrengt. De kaart suggereert een periode waarin zelfdiscipline en controle noodzakelijk zijn om te kunnen doorgaan op de moeilijkste momenten.

STAVEN TIEN

KERNBEGRIPPEN

de behoefte om grenzen te accepteren en te kennen en obstakels waar te nemen

SYMBOLIEK

De Staven Tien toont vaak een man die een zware last bestaande uit stokken draagt. Hij houdt ze op een nogal vreemde manier vast: de bundel blokkeert het zicht voor hem. Het is een moeilijke voorstelling, omdat hij gaat over onderdrukking en overheersing, maar het is ook duidelijk dat dit een situatie is die door de figuur zelf is gecreëerd. Niemand dwingt hem op deze manier door te gaan; hij heeft er zelf voor gekozen en moet daarom de verantwoordelijkheid nemen voor zijn situatie. Het staat hem vrij om de takkenbundel neer te leggen, maar in plaats daarvan gaat hij door op deze duidelijk ongemakkelijke manier.

DUIDING

De Staven Tien geeft aan dat er grenzen zijn genegeerd, wat heeft geleid tot een situatie van buitensporige problemen. De Staven Tien legt de nadruk op wat er gebeurt wanneer u, in de hoop om alles te doen en nergens nee tegen te zeggen, over het hoofd ziet dat er bepaalde grenzen zijn. Het gevolg daarvan is totale overbelasting; lichamelijk, geestelijk en emotioneel.

Het element vuur is enthousiast en optimistisch, en heeft de neiging problemen op het aardse vlak niet te zien. Dat kan tot gevolg hebben dat we creatief en qua verbeelding worden vermorzeld. De Staven Tien fungeert als een waarschuwing tegen het negeren van fysieke en praktische beperkingen, en het weigeren om niet-welkome restricties te accepteren. Die restricties zijn niet populair bij het uitbundige element vuur, maar ze hebben serieuze gevolgen als ze worden veronachtzaamd.

STAVEN SCHILDKNAAP

KERNBEGRIPPEN

nieuwe creatieve ideeën, de zaden van inspiratie, ontluikende fantasie

SYMBOLIEK

De Staven Schildknaap wordt, net als de andere schildknapen, afgebeeld als een sterke en positieve jongeman die een grote tak vasthoudt. Schildknapen worden traditioneel gezien als boodschappers en brengen dus nieuws over hun element. Aangezien de kleur staven gekoppeld is aan het element vuur, bevatten sommige kaarten decoratieve beelden van de zon om dit verband uit te beelden. Op andere kaarten wordt de voorstelling van een salamander gebruikt: een vreemde amfibie die, volgens de legende, in de vlammen van het vuur leefde. Soms worden een woestijnlandschap en een piramide gebruikt om de vurige hitte van de zon op te roepen.

DUIDING

De Staven Schildknaap staat symbool voor de belofte van creatieve ideeën. Zoals bij alle schildknapen zijn de ideeën in een embryonaal stadium, maar toch hebben ze veel potentie en mogelijkheden voor toekomstige groei en uitbreiding. De kaart kan een piepkleine, maar potentieel briljante vonk van inspiratie betekenen die zou kunnen leiden tot iets gedenkwaardigs, als er tenminste genoeg steun en voeding voor is. Schildknapen zijn verbonden met kinderen, omdat ze, net als ideeën en inspiratie, mogelijkheden symboliseren. Als een kind of een idee de juiste omstandigheden en aanmoedigingen krijgt, kan het groeien en zich op veel manieren ontwikkelen. De verschijning van De Staven Schildknaap in een duiding geeft het moment aan waarop dat mogelijk is.

STAVEN RIDDER

KERNBEGRIPPEN

verandering, beweging, energie, actie

SYMBOLIEK

Meestal wordt De Staven Ridder afgebeeld als een dynamisch ogende jongeman op een paard. Hij galoppeert vaak door een grote woestijn; een symbool van de enorme mogelijkheden van creatieve visie die beschikbaar is voor mensen met voldoende fantasie. De voorstelling bevat vaak piramides die symbool staan voor oude wijsheid en kennis. De jongeman rijdt met plezier en hopend op avontuur op zijn paard; hij straalt vertrouwen uit. Net als De Staven Schildknaap is zijn tuniek vaak versierd met zonnen en salamanders, symbolen voor creatieve verbeelding.

DUIDING

De Staven Ridder staat voor veranderingen, qua woonomstandigheden – bijvoorbeeld een verandering van woonplaats of land – of qua carrière. Hij duidt op rusteloosheid en een verlangen naar avontuur dat bevredigd moet worden door een breuk met het bekende. De kaart geeft de wens aan om te ontwikkelen en nieuwe grenzen te breken, zowel persoonlijk als professioneel. De zoektocht van De Staven Ridder richt zich op betekenis en kennis, niet om erkenning of gezag te krijgen, maar om de betekenis en kennis zelf. Hij geniet van alles wat zijn geestelijke en verbeeldende krachten stimuleert. Wanneer deze kaart in een duiding opduikt, kan het betekenen dat u iemand met deze eigenschappen in uw leven tegenkomt of dat u ze zelf wilt hebben.

STAVEN KONINGIN

KERNBEGRIPPEN

een hartelijk, bekwaam persoon die zaken en privé succesvol combineert

SYMBOLIEK

De Staven Koningin wordt vaak afgebeeld als een trotse, zelfverzekerde vrouw die op een mooie troon zit, die voor macht en gezag staat. De troon is versierd met zonnebloemen; een beeld van zonne-energie. Ze houdt in de ene hand een tak vast – een teken van koninklijke autoriteit en positie – en in de andere een zonnebloem, die als beeld florale vrouwelijkheid en zonnekracht combineert. Soms is hij versierd met leeuwen die gekoppeld zijn aan het dierenriemteken leeuw dat vaak geassocieerd wordt met deze kaart. Aan haar voeten ligt een kat als teken van haar toewijding aan het persoonlijke en gezinsleven, terwijl haar troon haar toewijding aan de macht symboliseert.

DUIDING

De Staven Koningin staat voor een veelzijdige, energieke figuur die in staat is verschillende taken te doen en die allemaal succesvol af te werken. Ze staat traditioneel bekend als de 'koningin van haard en huis', omdat haar gezin en haar persoonlijke leven erg belangrijk voor haar zijn, maar haar mogelijkheden zijn niet strikt beperkt tot huishoudelijke zaken. Wanneer De Staven Koningin verschijnt in een duiding, betekent dat dat er een persoon in uw leven kan komen die vol energie en enthousiasme is, en de tijd heeft vrijgemaakt en de wens heeft om zowel carrière te maken als toegewijd te blijven aan het persoonlijke en het gezinsleven. Het kan ook betekenen dat u deze eigenschappen in uzelf moet ontwikkelen, vooral als uw leven te sterk gericht is op de ene of de andere kant.

STAVEN KONING

KERNBEGRIPPEN

optimistische leider, enthousiaste verkoper, vrijgevige persoon

SYMBOLIEK

De Staven Koning wordt afgebeeld als een machtige man gezeten op een kroon die is versierd met leeuwen en salamanders, tekens van het element vuur. Op een klein aantal kaarten is zijn troon ook versierd met rammenkoppen, waardoor De Staven Koning wordt gekoppeld aan het dierenriemteken aries (ram). Soms zit hij naar voren gebogen op zijn troon om rusteloosheid uit te beelden; deze vurige koning is ongeduldig en houdt er niet van gevangen te worden door de troon of een kantoor. Hij houdt zijn tak vast alsof hij hem wil gebruiken als een staf of stok, in plaats van als een symbool van koninklijk gezag of verhevenheid.

DUIDING

De Staven Koning kan beschouwd worden als een ongeduldige figuur die altijd in beweging wil zijn. Hij wil altijd nieuwe dingen uitproberen, nieuwe mensen ontmoeten en experimenteren met ideeën en projecten. De verschijning van De Staven Koning in een duiding suggereert dat er een warme, charmante, charismatische persoon uw leven betreedt en u enthousiast maakt voor deze eigenschappen. Het kan zijn dat deze persoon u inspireert om hetzelfde te worden als hij of u aanmoedigt om zijn andere eigenschappen te ontwikkelen: moed, verstand en humor.

De Staven Koning staat voor iemand die ambitieus en competitief is, en geneigd is om alle successen te onthouden en alle mislukte ondernemingen te vergeten. Zijn enthousiasme is aanstekelijk, en hij is, hoewel hij minder energieke zielen kan uitputten, zeker nooit saai.

ZWAARDEN AAS

KERNBEGRIPPEN

radicale veranderingen, ontmaskerde illusies,
onthulde waarheid en rechtvaardigheid

SYMBOLIEK

Op De Zwaarden Aas is een dubbelzijdig zwaard afgebeeld dat ten goede of ten kwade gebruikt kan worden: het lemmet kan worden gebruikt om te genezen of te doden. Op veel kaarten wijst de punt naar boven als symbool van ware observatie, en rond de punt zit een kroon, die de hoogte van verworvenheden vertegenwoordigt. Er kan ook een olijftak voor vrede en een palmtak voor overwinning uit de kroon hangen. De kleur zwaarden correspondeert met het element lucht dat op zijn beurt verbonden is met het intellect en de manier waarop we op een psychologische manier zaken evalueren.

DUIDING

De Zwaarden Aas suggereert dat er een radicale verandering op komst is. Het gevoel heerst dat er, hoewel het vooruitzicht niet echt gunstig is, een plezierige verrassing in het verschiet ligt. Iets wat er in eerste instantie niet erg veelbelovend uitziet, draait uiteindelijk uit op iets zeer positiefs. Het is een kaart die duidt op kracht wanneer u wordt geconfronteerd met tegenslag. Het betekent ook dat de kracht van de geest goed kan worden gebruikt om heldere, onpartijdige beslissingen te nemen. Toch gaat niet alles van een leien dakje met De Zwaarden Aas, omdat u waarschijnlijk een aantal ernstige conflicten en worstelingen het hoofd moet bieden, voordat u uiteindelijk de beste oplossingen voor uw problemen kunt vinden.

ZWAARDEN TWEE

KERNBEGRIPPEN

impasse en besluiteloosheid die tot stagnatie leiden

SYMBOLIEK

De Zwaarden Twee wordt vaak afgebeeld als een geblinddoekte figuur die twee zwaarden omhooghoudt die volmaakt in balans zijn. Achter de figuur is de zee te zien; een symbool van het gevoel. De uitstekende rotsen symboliseren de harde realiteit van het leven; haar blinddoek voorkomt dat ze die ziet. De figuur zit met haar rug naar zowel haar gevoelens als de feiten, terwijl ze zich doelbewust concentreert om de zwaarden perfect in balans te houden, wat geen gemakkelijke taak is. Ze kruist ze voor haar hart, alsof ze haar gevoelens en emoties wil blokkeren. Het beeld is een beeld van spanning en angst.

DUIDING

De Zwaarden Twee staat voor een onrustige balans. Er is een gevoel van 'kalmte voor de storm': er is nog niets verkeerd gegaan, maar de spanning wordt opgevoerd. Het belangrijkste gevoel van de kaart is de sterke wens om zichzelf te beschermen tegen emotionele pijn en schade, en één manier om dat te doen, is de werkelijkheid negeren. De Zwaarden Twee vertegenwoordigt een impasse, omdat de twee gelijk gebalanceerde zwaarden een situatie van verlamming hebben veroorzaakt. Het feit dat de hoofdfiguur geblinddoekt is, geeft de onwil en weigering aan om de confrontatie aan te gaan met de situatie die op komst is. De kaart geeft aan dat dingen op een gegeven moment onvermijdelijk in beweging moeten komen en dat de spanning op een bepaald punt wordt doorbroken.

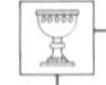

ZWAARDEN DRIE

KERNBEGRIPPEN

problemen, hartzeer,
een welkome loslating van spanning

SYMBOLIEK

De trieste aanblik van een hart dat wordt doorboord door drie zwaarden is op veel Zwaarden Drie-kaarten te zien. Stormwolken pakken zich samen en op veel versies van het tarotspel breekt licht door de duisternis, wat betekent dat er toch hoop kan zijn in een diepe wanhopige situatie. Vaak wordt het beeld verzacht door extra motieven van vogels – vaak duiven – en vlinders die het element lucht oproepen dat verbonden is met de kleur zwaarden. De vlinders staan symbool voor het vermogen van de ziel om tot nieuwe hoogten te reiken na een periode van gevangenschap in de cocon, terwijl de duif een symbool van vrede en genezing is.

DUIDING

De Zwaarden Drie verwijst duidelijk naar een tijd van hartzeer en moeilijkheden. Toch is dat een onvermijdelijk aspect van het dagelijks leven, en het belangrijkste is om te begrijpen hoe u de pijn kunt beheersen. Het feit dat er licht achter de gebroken harten schijnt, suggereert dat vreugde en verdriet partners zijn, en dat ze niet lang kunnen worden gescheiden. Soms is de confrontatie en zelfs de omhelzing van verdriet de enige manier om erdoor te komen. De Zwaarden Twee beschrijft de moeilijke spanning die ongemakkelijk en angstig was; De Zwaarden Drie geeft een bevrijding uit die spanning aan, wat betekent dat het verdriet in het openbaar kan worden gebracht, waar er op een passende manier om gerouwd kan worden. Die rouw maakt het uiteindelijk mogelijk om door te gaan.

ZWAARDEN VIER

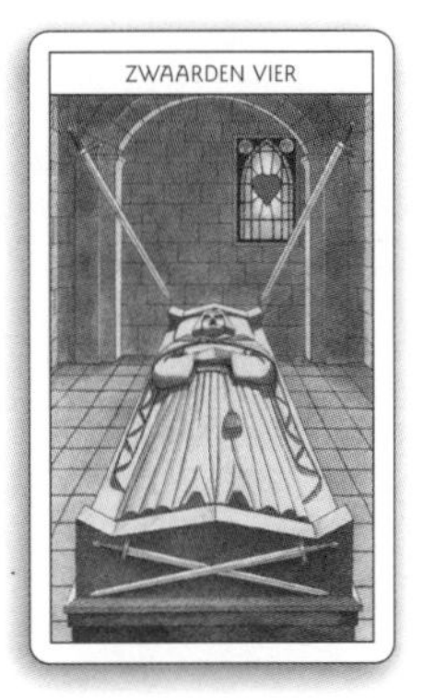

KERNBEGRIPPEN

rust, terugtrekking, meditatie, herstel

SYMBOLIEK

Op De Zwaarden Vier staat vaak een beeltenis van een ridder die stil in zijn kist ligt. Hij lijkt in een kerk of crypte te zijn en er wordt eerder een beeld van rust en ontspanning opgeroepen dan van de dood. Boven op de kaart staat vaak een venster dat uitzicht biedt op een scène uit het leven. Het suggereert dat de wereld buitengesloten is, maar slechts tijdelijk. Het motief van het gebroken hart is op de achtergrond gedrukt; symbool dat het genezingsproces aan de gang is. Hoewel de scène een koele, kalme, afgezonderde plek is, is het beeld zelf vredig en verwijst het naar een broodnodige rustperiode.

DUIDING

De Zwaarden Vier suggereert dat de tijd rijp is voor herstel, rust en terugtrekking. Het kan zijn dat er ontspanning nodig is na een periode van intense activiteit en stress of misschien hebt u een persoonlijk trauma opgelopen of een ongelukkige tijd gehad en is het nodig om u even terug te trekken uit de wereld, zodat het hart zich kan herstellen. De kaart kan ook duiden op een periode van genezing en terugtrekking na een ziekte. Dat kan essentieel zijn om het genezingsproces te laten beginnen. Het is moeilijk om te herstellen van fysieke of emotionele pijn terwijl u probeert een normaal leven te leiden en te doen alsof er niets is gebeurd. Een periode van rouw helpt het herstelproces op weg en is beter dan te proberen de pijn te negeren en op de achtergrond te drukken.

ZWAARDEN VIJF

KERNBEGRIPPEN

de behoefte om binnen grenzen te werken; beperkingen accepteren en doorgaan

SYMBOLIEK

De Zwaarden Vijf is een moeilijk beeld, omdat het een zegevierende man toont, terwijl twee anderen hun verlies moeten accepteren. Dat is een pijnlijke situatie waarmee de meeste mensen op een bepaald moment in hun leven worden geconfronteerd. Overwinningen en nederlagen hebben allebei hun prijs en niemand komt er zonder kleerscheuren af. De Zwaarden Vijf richt zich op de overwinnaar, op de voorgrond van de kaart. Hij heeft de wapens van de verliezers afgepakt, die zich beschaamd omdraaien. De lucht ziet er onheilspellend uit en vormt een waarschuwing voor iedereen die vecht, of hij nu wint of verliest.

DUIDING

Wanneer De Zwaarden Vijf in een duiding verschijnt, biedt hij de mogelijkheid om een situatie te evalueren, maar dat moet zorgvuldig gebeuren, vooral bij het nadenken over of iets dat te groot is om te beheersen. Het beeld toont verlies en overwinning, en dat betekent dat u zich moet beraden op uw positie in het licht van beide mogelijkheden. De Zwaarden Vijf wijst vaak op obstakels die niet kunnen worden overwonnen en daarom het beste kunnen worden vermeden. Anders volgen er veel onnodige problemen als u blijft vechten voor iets wat u niet kunt krijgen. Er zijn momenten in het leven waarop de beste actie is om uw trots in te slikken en moeilijkheden uit de weg te gaan. De zwaardenvijf duidt vaak op zo'n moment.

ZWAARDEN ZES

KERNBEGRIPPEN

een stressvolle situatie achter zich laten, spanning loslaten

SYMBOLIEK

Op De Zwaarden Zes zien we een beweging van moeilijke naar gelukkigere tijden. Op veel kaarten staat een boot die afkoerst op een kust in de verte, met ruw water aan de ene kant en rustig water aan de andere. Het getal zes wordt geassocieerd met harmonie en vrede, en wanneer het wordt gecombineerd met de kleur zwaarden, die vaak voor moeilijkheden staat, is het resultaat positief. Het ruwe water verwijst naar moeilijke tijden in het verleden en het kalme water dat voor de boot ligt naar een gemakkelijkere fase in de toekomst. Op sommige kaarten zitten de figuren met mantels opeengepakt in de boot, wat op ellende duidt, terwijl op andere de angst op het gezicht van de passagiers is af te lezen.

DUIDING

De Zwaarden Zes toont precies wat er op de voorstelling staat: een stap van moeilijke tijden naar een periode van vrede en kalmte. Dat kan letterlijk het verhuizen van een onbevredigende omgeving naar een betere betekenen. De beweging kan ook innerlijk zijn: misschien hebt u zich de laatste tijd gedeprimeerd gevoeld over iets en is het nu tijd om een wat optimistischere houding ten opzichte van het probleem aan te nemen. Hoe dan ook kan het veranderen van omgeving of mentaliteit van negatief naar positief een groot verschil maken, zelfs als de verandering niet per se duidelijk is op een wereldlijk niveau. Deze kaart kan ook verwijzen naar het loslaten van spanning en stress om ruimte te maken voor een rustigere fase van het leven.

ZWAARDEN ZEVEN

KERNBEGRIPPEN

diplomatie; agressief en assertief gedrag vermijden

SYMBOLIEK

Op De Zwaarden Zeven staat vaak een voorstelling van een man die een, wat lijkt, legerkamp ontvlucht, met in zijn armen een grote stapel zwaarden. Op sommige kaarten kijkt de vluchtende figuur nerveus over zijn schouder, terwijl hij op andere kaarten zijn nek intrekt, alsof hij probeert te voorkomen dat hij gezien wordt. De zwaarden zouden van hem kunnen zijn of hij heeft ze weggehaald zonder toestemming; dat gebrek aan duidelijkheid wordt versterkt door de bewolkte lucht. De figuur heeft zijn acties zorgvuldig voorbereid. Hij handelt niet impulsief. De algemene indruk die de kaart heeft, is er een van schuldgevoel en geniepigheid.

DUIDING

Wanneer De Zwaarden Zeven opduikt in een duiding, geeft hij een enigszins tegenstrijdige boodschap af. Hij suggereert dat er een situatie kan ontstaan waarvoor op zijn best tact en discretie zijn vereist en op z'n slechtst geniepigheid en misleiding. Er zijn immers momenten in het leven waarop het noodzakelijk is om 'spaarzaam met de waarheid om te gaan' om een doel te bereiken. Het zou bijvoorbeeld niet slim zijn om uw kaarten bij het pokeren aan uw tegenstander te laten zien. De betekenis van De Zwaarden Zeven kan variëren van een behoefte aan discretie of vriendelijkheid om te voorkomen iemand pijn te doen tot gewoon liegen. Maar De Zwaarden Zeven moedigt nooit directe of agressieve tactieken aan.

ZWAARDEN ACHT

KERNBEGRIPPEN

beperkingen en remmingen,
angst voor verandering

SYMBOLIEK

Op De Zwaarden Acht staat een vrouw; ze heeft een blinddoek om en haar handen zijn vastgebonden. De vrouw wordt omringd door zwaarden en lijkt zich in een ongemakkelijke houding te bevinden. De zwaarden zijn echter zodanig geplaatst dat er gaten tussen zitten, en haar handen zijn vastgebonden, maar niet haar benen, wat betekent dat ze vrij is om te bewegen als ze de moed bijeen kan rapen. De blinddoek duidt op haar weerzin of onmacht om de waarheid onder ogen te zien en op de verwarring en isolatie die het gevolg kunnen zijn van haar onvermogen om dingen te zien. Het is een beeld van ongemakkelijke beperking, maar het suggereert geen geweld.

DUIDING

De Zwaarden Acht verwijst naar een tijd van besluiteloosheid en verwarring. De vastgebonden en geblinddoekte figuur blijft gevangen, eerder uit angst dan uit dwang. Deze kaart geeft aan dat de positie waarin de vrouw zich bevindt meer te wijten is aan haar onzekerheid en angst dan aan externe omstandigheden. Het is vaak beangstigend om op te staan uit een situatie die beperkend of ongemakkelijk is, omdat de angst om te veranderen groter is. Toch geeft De Zwaarden Acht de boodschap dat situaties drastisch kunnen verbeteren als u de angst overwint en positieve actie onderneemt.

ZWAARDEN NEGEN

KERNBEGRIPPEN

een akelig, irrationeel voorgevoel,
de kaart van nachtmerries

SYMBOLIEK

Op veel kaarten wordt De Zwaarden Negen afgebeeld als een vrouw die rechtop in bed zit met haar hoofd in haar handen, alsof ze wakker is geschrokken uit een nachtmerrie of aan het huilen is. Ze bedekt haar gezicht alsof ze niet kan verdragen wat ze ziet of denkt. De kaart geeft de indruk van een nachtmerrie of slapeloze nachten die zijn veroorzaakt door zorgen. Er hangen negen zwaarden boven haar hoofd, maar die raken haar niet echt aan. Dat symboliseert het feit dat hoewel ze er opgeschrikt uitziet en bang is, de dreiging niet echt is, maar in haar hoofd zit. Op sommige kaarten is de deken op het bed een lappendeken versierd met astrologische luchttekens gemengd met rozen of harten om de scheiding tussen gedachte en gevoel te tonen.

DUIDING

De Zwaarden Negen suggereert dat de zaken in werkelijkheid niet zo erg zijn als ze lijken in de fantasie. De kwelling en marteling bevinden zich eerder in de geest dan in werkelijkheid; daarom staat deze kaart traditioneel bekend als de kaart van de nachtmerrie. Hij wekt een gevoel van verdriet of schuld op dat is ontstaan uit innerlijke angsten en zorgen in plaats van uit iets van buitenaf. Die problemen kunnen ernstig worden, omdat ze strikt genomen misschien niet echt zijn, maar wel serieus moeten worden genomen en goed moeten worden bekeken. De Zwaarden Negen kan erop duiden dat u een moeilijke beslissing moet nemen, maar deze taak is beangstigend geworden door de weigering om de situatie met open ogen tegemoet te treden.

ZWAARDEN TIEN

KERNBEGRIPPEN

het einde van een situatie,
de hoop op iets positiefs in de toekomst

SYMBOLIEK

De voorstelling op De Zwaarden Tien is op veel kaarten behoorlijk gruwelijk. Vaak staat er een figuur op die op zijn buik ligt met tien zwaarden die in zijn rug steken. Soms is een plas bloed te zien, om nog eens te benadrukken dat de figuur dood is. Er is echter licht te zien aan de horizon, wat duidt op een nieuw begin. De donkere kleur boven op de kaart is effen, maar geeft geleidelijk ruimte aan het licht: hoop voor de toekomst. Hoewel het beeld zeker niet vrolijk kan worden genoemd, is er toch een gevoel van hoop dat duidt op de vreugde van de wedergeboorte na de pijn van een einde.

DUIDING

De Zwaarden Tien lijkt op de kaart De Dood in de grote arcana, omdat hij het einde van een situatie aankondigt. Net als De Dood verwijst deze kaart naar een einde, of een verandering van richting, maar alleen omdat iets zijn tijd heeft gehad, geen nut meer heeft of is veranderd. Vreemd genoeg heeft de zwaardentien, net als De Dood, hoewel het beeld tamelijk ruw is, de reputatie om iets tot een einde te brengen wat voor welkome opluchting kan zorgen. De kaart suggereert het einde van valsheid en bedrog, en kan duiden op een bevrijding van illusies en misleidingen. De zonsopgang aan de horizon betekent nieuw leven en nieuw licht.

ZWAARDEN SCHILDKNAAP

KERNBEGRIPPEN

jeugdige intelligentie, een snelle geest
met het risico op loze kletspraat -

SYMBOLIEK

De Zwaarden Schildknaap toont een jonge figuur die in een kil landschap met een groot zwaard staat te zwaaien. De kleur zwaarden is verbonden met het element lucht en op zijn beurt met denken; De Zwaarden Schildknaap vertegenwoordigt dus iets nieuws, een ontluikend idee in de geest. Op veel tarotkaarten lijkt de lucht in de verte onheilspellend; wolken pakken zich samen, wat symbool staat voor de mogelijke strijd die voor u ligt. Waarschijnlijk waait de wind hard, gezien de bomen op de achtergrond die buigen en de bries die het haar van de jongeman doet opwaaien. Die beelden zijn allemaal symbool van het belang van de geest, zoals uitgebeeld door het element lucht, dat ten goede of ten kwade kan worden ingezet.

DUIDING

Het verschijnen van De Zwaarden Schildknaap duidt op een nieuw begin qua denken en kennis vergaren. Deze kaart kan een nieuwsgierige jongeling vertegenwoordigen of een interesse in nieuwe onderwerpen. Er is altijd een gevoel van een nieuw begin bij de schildknaap die symbolisch kinderen of boodschappers lijken te zijn; ze duiden beide op iets wat zich in een beginstadium bevindt of nog niet helemaal gevormd is. De Zwaarden Schildknaap staat voor een nieuw soort mentale en verbale uitwisselingen. Hij kan duiden op een verlangen naar kennis en op mogelijkheden voor originele gedachten.

Aan de negatieve kant kan De Zwaarden Schildknaap duiden op een neiging tot loze of zelfs kwaadaardige kletspraat die, als hij de kans krijgt te groeien, behoorlijk destructief kan blijken te zijn.

ZWAARDEN RIDDER

KERNBEGRIPPEN

opschudding, verdeeldheid en verstoring, opwinding en verandering

SYMBOLIEK

De Zwaarden Ridder wordt vaak vertegenwoordigd door een jongeman op een paard, wiens ros bijna door de lucht lijkt te vliegen. Soms zijn de bewegende wolken op de achtergrond een indicatie van een flinke wind, net als de bomen die buigen. De man wordt vaak vooruitleunend met zijn zwaard naar voren afgebeeld, alsof hij klaar is voor alles wat hij tegenkomt. De algemene indruk van deze kaart is gewoonlijk een indruk van snelheid, haast en actie. De Zwaarden Ridder is een dynamisch en krachtig beeld dat staat voor iemand die veel haast heeft.

DUIDING

De Zwaarden Ridder suggereert een tijd van activiteit en een behoorlijke dosis chaos. Alle ridders zijn op de een of andere zoektocht en De Zwaarden Ridder is op zoek naar informatie en verandering. Hij kan duiden op een behoefte aan innovatie of verwijzen naar iemand die uw leven betreedt en de nodige transformatie bij u veroorzaakt. De Zwaarden Ridder kan niet tegen sleur; hij heeft dus de neiging om dingen te veranderen om maar iets te veranderen, alleen maar om het gevaar van verveling te vermijden. Het is dus een rusteloze kaart, maar hij kan voldoende energie met zich meebrengen om de nodige veranderingen in te zetten die anders niet worden ingezet uit angst voor verstoring of opschudding.

ZWAARDEN KONINGIN

KERNBEGRIPPEN

moed, zelfs in tijden van groot verdriet of tegenslag; waardigheid; een sterk karakter

SYMBOLIEK

De Zwaarden Koningin zit rechtop op haar troon die op sommige kaarten is versierd met vogels en engelen: symbolen van het element lucht. Ze richt haar volledige aandacht op haar zwaard, dat ze rechtop voor haar houdt. Het is een symbool van macht en gezag, en van waarheid. Boven haar, in de lucht, vliegt een vogeltje, dat staat voor de vastberadenheid van de koningin en voor haar heldere visie. Op veel kaarten staat ze *en profile*, zodat maar één kant van haar gezicht te zien is, wat impliceert dat ze haar innerlijke wereld verborgen houdt.

DUIDING

De Zwaarden Koningin wordt geassocieerd met leed en teleurstelling, die met waardigheid en moed worden ondergaan. Wanneer deze kaart in een patroon verschijnt, betekent dat dat er een moeilijke periode doorstaan moet worden met een bepaalde mate van gelatenheid en standvastigheid. En dat gaat het beste, hoe erg het probleem ook is, met trots en zelfrespect. Het feit dat slechts één kant van het gezicht van de koningin onthuld is, suggereert dat ze haar pijn voor zichzelf houdt. Hoewel het vaak goed is om onze emoties openlijk te uiten, zijn er ook tijden waarin het gepast is om te doen zoals De Zwaarden Koningin. Dit is een van die momenten.

ZWAARDEN KONING

KERNBEGRIPPEN

een figuur met gezag en allure,
maar die eerlijk en rechtvaardig is

SYMBOLIEK

De Zwaarden Koning zit rechtop op zijn troon met zijn gezicht naar ons toe. Hij heeft, in tegenstelling tot De Staven Koningin, niets te verbergen. De koning is een beeld van intellectuele autoriteit en hij is gericht op actie ondernemen ten behoeve van anderen. Hij houdt zijn zwaard niet helemaal rechtop – wat op pure wijsheid zou wijzen – maar een beetje naar rechts, de kant van de actie. Dat betekent dat hij zijn ideeën in de praktijk zal brengen. Op de kaart van De Staven Koningin vliegt een vogel in de lucht, wat duidt op waar inzicht, terwijl op de kaart van De Zwaarden Koning twee vogels boven hem vliegen, wat duidt op een bepaalde dualiteit en flexibiliteit van gedachten.

DUIDING

De Zwaarden Koning is een loyale en standvastige adviseur. Hij vertegenwoordigt iemand die rechtvaardig en toegewijd is aan de zaken waarin hij gelooft, en hij is waarschijnlijk óf een goede vriend óf een vijand om rekening mee te houden. Omdat de kleur zwaarden gekoppeld is aan lucht en denken, symboliseert De Zwaarden Koning iedereen die zorgvuldig en onpartijdig nadenkt, en zich niet makkelijk laat meeslepen door emoties. Wanneer hij een situatie beoordeelt, doet hij dat volstrekt eerlijk, waarbij hij feiten in plaats van gevoelens afweegt. Het verschijnen van deze kaart in een duiding kan betekenen dat u de eigenschappen van De Zwaarden Koning moet leren of overnemen, of het betekent dat iemand met die eigenschappen binnenkort in uw leven komt om u deze waarden te leren.

PENTAKELS AAS

KERNBEGRIPPEN

financiële zaken op een stevige basis,
goede vooruitzichten voor zakelijke ondernemingen

SYMBOLIEK

Op De Pentakels Aas is vaak een hand te zien die uit de wolken steekt en een gouden pentagram of pentakel vasthoudt; een symbool van het magische element aarde. Op sommige kaarten staat een prachtig onderhouden tuin waarin rode rozen en witte lelies naast elkaar groeien, wat staat voor de balans tussen verlangens en spirituele puurheid. Er kan een heg of muur staan met een open boog of een pad, die omsluiting en begrenzing symboliseren, naast de vrijheid om zich buiten de afgesloten tuin te bewegen. De kleur pentakels is verbonden aan de aarde, en verwijst naar het lichaam, voorwerpen en materiële winst. De pentakelkaarten zijn vaak verbonden met geld, hoewel ze zich niet alleen bezighouden met financiële zaken.

DUIDING

De Pentakels Aas biedt een krachtig nieuw begin op het materiële of praktische vlak, wat inhoudt dat wereldlijke prestaties en status kunnen worden bereikt. Hij staat voor mogelijkheden op financiële kwesties of zakelijke ondernemingen. Alle azen bieden uitzicht op een nieuwe basis en in de aardse kleur pentakels ligt die vaak op het gebied van materiële zaken. Deze kaart kan een geschenk suggereren, een lening, een hypotheek of financiële investering, die gebruikt kan worden om een zaak op te zetten of een basis te creeren in uw privé-leven. De pentakels worden echter geassocieerd met hard werken en de aas vormt daarop geen uitzondering. De successen die voortkomen uit deze mogelijkheden hangen af van hoeveel werk er is geïnvesteerd in het project.

PENTAKELS TWEE

KERNBEGRIPPEN

jongleren met geld, fluctuerende financiën, instabiliteit

SYMBOLIEK

Op De Pentakels Twee staat vaak een jongleur. Op sommige kaarten gooit een jongeman pentakels in de lucht, terwijl op andere een jonge vrouw op een koord danst terwijl ze twee pentakels balanceert. Het is hoe dan ook een voorstelling van onzekerheid en hij duidt ook op flexibiliteit. Soms staan er twee schepen op die op zee varen, als symbool van de veranderlijke golven van de zee waarop het lot meedeint. Ondanks het risico dat wordt uitgebeeld door de jongleur of door de ruwe zee op de achtergrond, hangt er een gevoel van vertrouwen in de lucht en het geloof dat alles uiteindelijk goed komt.

DUIDING

De Pentakels Twee symboliseert fluctuaties en instabiliteit bij financiële zaken. Dit is het moment waarop veel energie beschikbaar is op het gebied van werk, maar er wordt niets gegarandeerd. In de eerste stadia van groei zijn er altijd gevoelens van belofte en opwinding, maar er is geen zekerheid dat het project van de grond komt; er blijft dus een gevoel van spanning bestaan. De kaart verwijst naar verschuivingen in financiële zaken, maar er is ook een gevoel van harmonie en hoop, ondanks de instabiliteit en het gebrek aan garanties en zekerheden.

PENTAKELS DRIE

KERNBEGRIPPEN

eerste voltooiing van een project, erkenning bereikt door hard werken en doorzettingsvermogen

SYMBOLIEK

Op deze kaart staat vaak een voorstelling van een vakman en zijn meester die een werkstuk bespreken. Drie is het getal van eerste voltooiing, wat inhoudt dat de eerste fase van een project klaar is, maar dat er nog veel moet gebeuren voordat het helemaal als voltooid kan worden beschouwd. De Pentakels Drie beeldt een pauze uit om te bespreken en in te schatten wat er is gedaan en wat er nog moet gebeuren. Het beeld hoort bij het element aarde; het onthult de praktische aspecten van het bouwen en werken op een aardse, praktische manier.

DUIDING

De Pentakels Drie duidt op een moment om stil te staan bij de voltooiing van de eerste fase van een project. Het kan ook een materiële beloning of winst betekenen die bereikt is met hard werken en veel inspanning. Hoewel het project misschien nog niet helemaal af is, is er toch een gevoel van trots over de vooruitgang die tot zover is geboekt. Het is een kaart die tevredenheid over persoonlijke prestaties suggereert, maar die niet ontkent dat er nog veel te doen staat. De niveaus van energie en enthousiasme zijn nog steeds positief, maar de kleur pentakels is realistisch en blaast prestaties niet op en overschat de tijd ook niet die nog nodig is om iets te bereiken.

PENTAKELS VIER

KERNBEGRIPPEN

angst om te verliezen; ergens te sterk aan vasthouden, wat toekomstige winst verhindert; de kaart van de gierigaard

SYMBOLIEK

Op sommige Pentakels Vier-kaarten staat een man in een kronkelige houding die wanhopig probeert vier pentakels vast te houden. Op andere kaarten zit hij op een schatkist alsof hij bang is voor diefstal of verlies. De man is vaak goed gekleed, hij is dus niet arm, maar toch houdt hij zich vast aan zijn wereldlijke zaken alsof zijn leven ervan afhangt. Hij is alleen, en op sommige voorstellingen staat een muur die hem scheidt van een stad in de verte die zichtbaar is op de achtergrond. Die duidt op zijn emotionele en lichamelijke verwijdering van anderen, wat zijn eenzaamheid en angst misschien versterkt.

DUIDING

De Pentakels Vier staat traditioneel bekend als de kaart van de gierigaard. Hij suggereert een angst om iets te verliezen, zowel materieel als emotioneel. Een poging om dat verlies te voorkomen kan resulteren in vervreemding en wantrouwen. De angst is zo groot dat stilstand het gevolg kan zijn, want zonder vertrouwen of de bereidheid om risico's te nemen, kan geen winst worden geboekt. Dit is een kaart die wijst op angst en achterdocht, die net zo goed kunnen slaan op gevoelens als op financiële zaken. Omdat angst de groei sterk in de weg staat, is het essentieel om de bron van het probleem aan te pakken om de energie weer positief te laten stromen.

PENTAKELS VIJF

KERNBEGRIPPEN

verlies van vertrouwen, van financiële stabiliteit en van materiële zekerheid

SYMBOLIEK

Op De Pentakels Vijf staan twee bedelaars in de sneeuw; ze staan voor iets wat een verlicht kerkraam lijkt te zijn. Het beeld is koud, kil en triest; de eenzame figuren symboliseren materiële ontberingen. De vruchtbare aarde is bedekt met sneeuw, wat de natuurlijke groei en gulheid die normaal geassocieerd worden met het element aarde in de weg staat. Het paar schuilt bij een kerk, maar hun ogen zijn naar beneden gericht; ze lijken de warmte boven hen niet op te merken. De bedelaars worden niet getroost door het spirituele licht dat door het raam schijnt; in plaats daarvan blijven ze wanhopig.

DUIDING

Het getal vijf zorgt voor een onzeker, spannend en angstig gevoel in alle kleuren, en De Pentakels Vijf vormt daarop geen uitzondering. In een duiding suggereert deze kaart een of ander verlies, financieel of materieel, of een verlies met een emotioneel of spiritueel karakter. Deze kaart wordt soms gekoppeld aan een gebrek aan eigendunk of soms ook met een verlies aan vertrouwen in de goedheid van het leven; de simpele interpretatie van geld verliezen is niet altijd van toepassing. Er zijn altijd oplossingen voor problemen, maar u vindt ze niet als u niet goed kijkt.

PENTAKELS ZES

KERNBEGRIPPEN

geluk delen, dankbaarheid,
vrijgevigheid, liefdadigheid

SYMBOLIEK

Op De Pentakels Zes staat vaak een goed geklede, rijk ogende man die een weegschaal in de ene hand houdt terwijl hij met zijn andere munten uitdeelt aan mannen die geknield voor hem zitten. De voorstelling suggereert het delen van rijkdom door iemand die veel heeft met anderen die weinig hebben. De weegschaal symboliseert de eerlijke en rechtvaardige verdeling van wereldlijke goederen of gulheid, met de implicatie dat iedereen krijgt wat hij verdient, in plaats van wat hij zou willen. De kaart suggereert een hiërarchie, omdat de rijke persoon zich in een superieure positie bevindt en daarom een verplichting heeft aan de minder fortuinlijken. Het is natuurlijk bekend dat deze positie snel kan veranderen en dat een persoon superieur kan zijn op het ene gebied van het leven, maar juist niet op andere gebieden.

DUIDING

De Pentakels Zes suggereert dat geluk eerlijk moet worden verdeeld. Het kan zijn dat iemand in een betere positie dan u, financieel of emotioneel, u moet helpen als u in nood bent of dat u iemand moet helpen met minder geluk dan uzelf. Het is altijd belangrijk om te onthouden dat situaties veranderen en dat u op de ene dag in de positie bent om hulp te bieden en op de andere dag zelf hulp nodig hebt. Het getal zes is een uitgebalanceerd getal; het wijst erop dat eerlijkheid en gelijkheid voor harmonie zorgen. De Pentakels Zes kan in een duiding ook financieel fortuin betekenen in de vorm van geschenken of erfenissen, of in de vorm van een beloning voor uw inspanningen.

PENTAKELS ZEVEN

KERNBEGRIPPEN

keuzen en beslissingen die vaak te maken hebben met werk

SYMBOLIEK

De Pentakels Zeven wordt vaak afgebeeld als een man die op een boer lijkt, leunend op een schoffel of een kiel dragend. Hij staat in een veld met zeven pentakels die als fruit in de bomen of struiken hangen. Op sommige kaarten lijkt de man na te denken over de grote oogst in één struik, tegenover de ene pentakel die losstaat van de andere. De boom of struik waar de man zo intens naar kijkt, zijn symbolen van de aarde, ze zijn concreet en tastbaar; de voorstelling kan dus de keuze vertegenwoordigen tussen iets wat echt en gevestigd is en iets wat nog niet is uitgeprobeerd en getest.

DUIDING

De Pentakels Zeven suggereert een keuze tussen iets bekends en iets onbekends. Hij staat voor een fase die kan ontstaan tijdens het ontwikkelen van een zakelijk plan, bijvoorbeeld wanneer een product succesvol is geweest en het besluit moet worden genomen of het product moet worden voortgezet of dat er iets totaal nieuws, en daardoor riskants, moet worden ontwikkeld. Het kan ook van toepassing zijn op carrièrevooruitzichten en studieplannen, omdat er vaak een moment aanbreekt waarop een keuze moet worden gemaakt tussen het volgen van de bekende weg en het nemen van risico's op een onbekende weg.

PENTAKELS ACHT

KERNBEGRIPPEN

liefde voor leren, een welwillende pupil,
de kaart van de leerling

SYMBOLIEK

Op De Pentakels Acht staat vaak een jongeman in een werkplaats. Hij lijkt een pentagram te graveren of te versieren, terwijl de andere die al klaar zijn aan de muur hangen. Hij is gekleed als een leerling, wat betekent dat hij nog in opleiding is en hard moet werken om meester te worden van zijn gekozen vak. De jongeman moet studeren, werken en instructies opvolgen om zijn doel te bereiken, maar toch lijkt hij tevreden met en toegewijd aan de taak waarmee hij bezig is. De werkplaats staat voor een plek van arbeid en fysieke bezigheid. Het feit dat de figuur eerder een volwassene is dan een schoolkind geeft aan dat er op het niveau van een volwassen student gestudeerd moet worden.

DUIDING

De Pentakels Acht duidt op veel energie en toewijding aan een project. Dit is de kaart van de leerling, maar hij gaat vaak over de volwassen student die studeert en leert omdat hij zichzelf wil veranderen of verbeteren; niet omdat het moet. Er heerst een gevoel van kansen en de bereidheid om te ontwikkelen en vooruitgang te boeken via een streng studieprogramma. De Pentakels Acht kan uw aandacht vestigen op een natuurlijk talent dat via een extra opleiding in een vak of beroep kan worden veranderd. Misschien is er een kans om aan iets te werken waar u echt voldoening uit haalt en waarvoor u financieel wordt beloond. De kaart suggereert dat het verlangen naar het eerste in dit stadium van het leven sterker kan zijn dan naar het tweede.

PENTAKELS NEGEN

KERNBEGRIPPEN

genieten van de vruchten van ons werk, succes via inspanning

SYMBOLIEK

Op De Pentakels Negen staat een vrouw in haar eentje in een prachtige, goed onderhouden tuin. De wijnstokken zitten vol met druiven; een beeld van de zoetheid van de vrijgevige aarde. Op sommige kaarten staat een konijn dat symbool staat voor de vruchtbaarheid en productiviteit van het element aarde. De figuur is goed gekleed, wat duidt op materieel succes, en in de verte vangen we een glimp op van een landhuis of kasteel; weer een beeld van stabiliteit en zekerheid. De vrouw houdt een valk in haar hand, een vogel die verwijst naar zowel intellect als fantasie. Haar houding is kalm en zelfverzekerd, en ze schijnt tevreden te zijn met haar lot.

DUIDING

De Pentakels Negen suggereert het genieten van de vruchten van ons eigen werk en verwijst naar het intense gevoel van tevredenheid dat kan ontstaan na een inspanning. Het element aarde van de kaart duidt op de fysieke en materiële gemakken die voor rust en veiligheid zorgen. De Pentakels Negen suggereert niet dat materieel succes de enige weg naar geluk is, maar verwijst eerder naar een periode van tevredenheid en vreugde die u hebt bereikt door uw eigen inspanningen. Een voorbeeld kan het simpele genot van het eten van een stuk fruit zijn dat u zelf hebt gekweekt en hebt laten rijpen.

PENTAKELS TIEN

KERNBEGRIPPEN

stabiele basis voor toekomstige generaties

SYMBOLIEK

Op veel kaarten staat een familietafereel met een oude man die een jong kind op zijn knie heeft. Achter hem staat een koppel van middelbare leeftijd of soms alleen een vrouw die zijn dochter en de moeder van het kind lijkt te zijn. Dat duidt op een voortzetting van generaties. Achter de figuren ligt een mooi kasteel, een familiehuis voor veel generaties, uit het verleden en in de toekomst. De man, vrouw of het koppel en het kind zijn allemaal goed gekleed en zien er welvarend uit, en de tuin waarin ze zich bevinden is goed verzorgd. Deze kaart duidt op materieel gemak en traditionele waarden, waaronder de familiehond – een symbool van trouw en van het element aarde – die naast de oude man zit.

DUIDING

De Pentakels Tien duidt op een tijd voor het leggen van een basis, wat de verkoop of koop van een huis of grond kan zijn of misschien het erven van een huis of stuk grond om op te passen. Er is behoefte aan tradities en het doorgeven van goede dingen – materieel, emotioneel of puur genetisch – van de ene aan de andere generatie. Deze kaart impliceert een sterk verlangen om een gezin te stichten of iets concreets achter te laten dat na uw dood blijft bestaan en bloeien. Het kan, wat voor de hand ligt, het krijgen van een kind betekenen of verwijzen naar een artistieke of literaire creatie die door toekomstige generaties kan worden gewaardeerd.

PENTAKELS SCHILDKNAAP

KERNBEGRIPPEN

een serieuze jonge persoon die hard werkt
om kleine doelen te bereiken

SYMBOLIEK

De Pentakels Schildknaap staat, net als alle schildknapen, voor een klein begin. In het geval van deze schildknaap is het begin praktisch en letterlijk. De schildknaap staat op tarotkaarten vaak in iets wat een net aangeplante akker lijkt, een symbool van potentieel dat nog tot wasdom moet komen. De jongeman, getooid in boerenkleding, heeft een pentakel; hij lijkt hem stevig vast te houden. Hij geeft de indruk dat hij erg serieus bezig is met zijn werk en zijn inspanningen en dat hij bereid is om hard te werken om zijn doel te bereiken. Vaak is er een konijn te zien op deze kaart, als symbool van vruchtbaarheid.

DUIDING

De verschijning van De Pentakels Schildknaap verwijst naar een periode van hard werken aan het begin van een project. Hoewel het project nog in zijn beginstadium kan zijn en er daarom nog niet veel aan te zien is, is de kans op groei en rijpheid groot. Dat kan betekenen dat kleine sommen geld snel zullen veranderen in grote hoeveelheden, naarmate het werk doorgaat. De Pentakels Schildknaap benadrukt de behoefte aan zorgvuldige planning en de wetenschap dat zelfs grote carrières onder aan de ladder beginnen. Als de wil om te werken en het vermogen om in het begin bescheiden te zijn bestaan, zal succes volgen.

PENTAKELS RIDDER

KERNBEGRIPPEN

de sleutel tot succes is te vinden in volharding en aandacht voor detail

SYMBOLIEK

De Pentakels Ridder zit op een stevig trekpaard. In de meeste tarotspellen zitten alle vier de ridders op een paard en zijn ze allemaal in beweging, behalve De Pentakels Ridder. Hij staat in zijn eentje stil op een net geploegde akker, terwijl hij rustig in gedachten is bij zijn pentakel. Dat duidt op zijn band met de natuur. Het paard is duidelijk een werkpaard en lijkt bereid te zijn om het rustig aan te doen. De andere ridders lijken meer haast te hebben om ergens naartoe te gaan, terwijl De Pentakels Ridder bereid is om de tijd te nemen voor wat er ook onder zijn aandacht komt. Er hangt geen gevoel van urgentie rond deze voorstelling en de indruk is dat de vooruitgang langzaam, maar tegelijkertijd stabiel en resoluut zal zijn.

DUIDING

De kaart geeft aan dat een doel zal worden bereikt of gerealiseerd door blijvend hard werken en een sterke aandacht voor detail. De Pentakels Ridder is op een zoektocht, net als de andere ridders, maar zijn zoektocht is om zijn ambitie waar te maken op een praktisch en materieel niveau. Daarvoor zijn geduld, doorzettingsvermogen en verdraagzaamheid nodig. Een van de grote voordelen van De Pentakels Ridder is dat hij, als hij eenmaal is begonnen aan een project of taak, weigert op te geven. Het andere positieve aspect van deze kaart is dat alleen aan projecten wordt begonnen waarbij de kans op succes groot is. De andere ridders zijn zorgelozer en spontaner, maar het risico op mislukkingen is groter. De Pentakels Ridder is dan misschien saai, maar wel uiterst betrouwbaar.

PENTAKELS KONINGIN

KERNBEGRIPPEN

een praktische, materialistische maar genereuze vriend of weldoener

SYMBOLIEK

De Pentakels Koningin zit comfortabel op haar troon en lijkt te genieten van haar weelderige omgeving. Op veel kaarten staat een tuin vol fruit en bloemen, die symbool staan voor de gulheid van de aarde. Soms staan er rozen op als symbool van schoonheid en liefde, die allebei vrij groeien in de tuin en als versiering op de mantel van de koningin. Vaak staat er een konijn op de kaart als teken van vruchtbaarheid. Op sommige kaarten is een bokkenkop gekerfd in de troon om de aanwezigheid van het aardse teken steenbok te tonen, en op andere staat de stierenkop, om De Pentakels Koningin te verbinden met de stier, een ander aards teken.

DUIDING

De Pentakels Koningin beschrijft een liefde voor luxe en materiële zaken. Ze staat voor iemand die geniet van de zintuigen; ze geniet van het goede eten, de goede muziek, de stoffen van goede kwaliteit en de schoonheid in haar omgeving. Dit kan het moment zijn waarop u aandacht moet besteden aan uw fysieke en zintuiglijke behoeften. De Pentakels Koningin is echter bereid hard te werken om haar wensen te verwezenlijken. Daarna, als ze heeft bereikt wat ze wilde bereiken, zit ze tevreden achterover en geniet ze van de beloningen van haar arbeid. Het element aarde is makkelijker tevreden te stellen dan de andere elementen, vooral vuur, dat altijd verder wil gaan als een doel is bereikt. De Pentakels Koningin kan duiden op de aanwezigheid van een behulpzame, genereuze vriend of kan betekenen dat er praktische hulp beschikbaar is.

PENTAKELS KONING

KERNBEGRIPPEN

hard werken, ambitie, doorzettingsvermogen, succes

SYMBOLIEK

De Pentakels Koning zit op een rijk gebeeldhouwde troon die soms is versierd met het motief van een bokkenkop om de koning te koppelen aan de steenbok. Op veel kaarten houdt hij zijn pentakel, een symbool voor de magie van de aarde, in de ene hand en in de andere een embleem van tijdelijke macht en gezag, bijvoorbeeld een globe of een mijter. Vaak is het thema van druiven en wijnstokken te zien op de kaart, als teken van de rijkdommen van de aarde. In de verte vertegenwoordigt een mooi kasteel rijkdom en indrukwekkende sociale status. Het beeld als geheel is een beeld van weelde, fysiek gemak en sociaal succes.

DUIDING

De Pentakels Koning kan verwijzen naar de liefde voor rijkdom en macht, en de wil om te werken om aanzien te krijgen. Het is een ambitieuze voorstelling die de wens vertegenwoordigt om gerespecteerd en bewonderd te worden, zowel sociaal als zakelijk. De kaart verwijst naar een sterk bewustzijn van wat nodig is om rijkdom en voorspoed te vergaren, en er is geen aanwijzing dat de figuur zich onttrekt aan zijn taken. Net als de koningin geniet De Pentakels Koning van materiële zaken, maar hij verlangt ook naar openbare bijval en bewondering. Het verschijnen van deze kaart betekent dat er hard gewerkt moet worden om succes en macht te krijgen.

HOE U DE KAARTEN MOET LEZEN

Nu u de basisstructuur van het kaartspel kent en de kans hebt gehad een paar spelletjes met uw kaarten te spelen, is het tijd voor wat duidingen. Het is een goed idee om nu te bekijken wat een tarotduiding u wel en niet kan vertellen.

Ten eerste is het belangrijk om een onderscheid te maken tussen waarzeggerij en voorspellingen doen. Bij waarzeggerij worden de kaarten uitgedeeld en de sleutelbegrippen opgelezen. Die begrippen zijn vaak te vinden op het foldertje met instructies die bij het spel kaarten zit, bijvoorbeeld 'liefde', 'verlies', 'verraad' of 'succes'. Het klassieke beeld van een zigeunerwaarzegger is iemand die u omkoopt om u iets vaags en mysterieus te vertellen als 'U hebt iets belangrijks verloren, maar u zult snel liefde aan de andere kant van het water vinden' of iets even onbehulpzaams.

Voorspellen, aan de andere kant, houdt zich bezig met het proberen te begrijpen van huidige dilemma's en het krijgen van een idee van toekomstige vooruitzichten, terwijl u tegelijkertijd iets

leert over hoe u de nabije toekomst moet benaderen. Men zegt dat kennis macht is; begrijpen wat er op een onbewust of voorbewust niveau gaande is, kan dus nuttig zijn. De kaarten voorspellen geen echte gebeurtenissen, maar kunnen een soort 'emotioneel weer-bericht' vormen dat u informeert dat u misschien een paraplu nodig hebt of dat het tijd is om te zaaien of juist om te oogsten!

WAT ZIJN LEGPATRONEN?

De term 'legpatroon' of 'schikking', zoals het soms wordt genoemd, verwijst naar de volgorde waarin de kaarten worden neergelegd voor verschillende duidingen. U kunt uit veel patronen kiezen, en u moet experimenteren en oefenen met zoveel mogelijk patronen om erachter te komen welk patroon u het prettigst vindt. Er is een aantal traditionele legpatronen, zoals het Keltische kruis met tien kaarten, het sterpatroon met zeven kaarten, waarbij alleen kaarten uit de grote arcana worden gebruikt, de piramide

met vijf kaarten (*zie bladzijde 301*) of het hoefijzer (*zie bladzijde 309*), waarbij ook vijf kaarten worden gebruikt. Die zijn allemaal relatief eenvoudig. Het grootste patroon bestaat uit tien kaarten, wat zelfs voor een beginneling nog hanteerbaar is. Als u in een moedige bui bent, kunt u wellicht een groter, iets ingewikkelder patroon, zoals de horoscoop met twaalf kaarten, uitproberen. Naar mijn mening is het beter om een aantal kleinere, simpele duidingen te doen dan één grotere, ingewikkelde, omdat het gevaar van 'psychische verstopping' groter wordt naarmate de duiding ingewikkelder is.

De methode die ik verkies, is om eerst een duiding te doen met alleen de kleine arcana – daar gebruik ik het Keltische kruis voor (*zie bladzijde 319*) – gevolgd door een grote-arcanaduiding, met behulp van het sterpatroon (*zie bladzijde 321*). Daarna doe ik alle kaarten bij elkaar en gebruik ik het patroon hoefijzer als samenvatting. Als de persoon voor wie ik lees (ik noem hem 'de zoeker')

geïnteresseerd is in of verstand heeft van astrologie, kan ik het horoscooppatroon doen, omdat dat interessant en bekend is voor hem. Zoals u ziet, zijn er dus verschillende mogelijkheden; het is aan u om zoveel mogelijk stijlen uit te proberen en te kijken welke het beste voor u werkt.

VOORBEREIDING EN RITUEEL

Aangezien de kaarten een serieuze functie hebben bij een duiding, moet u ze met zorg behandelen. Veel zogenoemde lezers (of duiders) bewaren hun kaarten in een speciale doek; zwarte zijde is traditioneel, maar elk soort doek of doos die u kiest is prima. Het belangrijkste is dat de kaarten worden behandeld als iets speciaals, wat ook betekent dat andere mensen er niet te veel aan moeten zitten en u ze niet nonchalant moet gebruiken. Misschien wilt u een spel speciaal voor duidingen gebruiken en een ander voor spelletjes.

Een grote doek om de kaarten op te leggen is ook onderdeel van de traditie; waarschijnlijk afgeleid van de tovenaarskring. Het is de gewoonte om een kleine ceremonie te houden voor het uitpakken en inpakken van de kaarten aan het begin en einde van elke lezing, om de rituele opening en sluiting van de sessie te markeren. Dat soort rituelen zijn belangrijk. Het is ook belangrijk om de tijd van een sessie te beperken. In mijn ervaring kunnen lezingen die langer duren dan een uur en een kwartier (of maximaal anderhalf uur) uitputtend, en daardoor dus contraproductief, zijn voor zowel de lezer als de zoeker.

Voordat u begint

Voordat u een duiding probeert, is het belangrijk om u kalm en ontspannen te voelen. Het kan helpen om een rustige omgeving te hebben om de duiding te doen. Dat kan een plek zijn waar u niet wordt gestoord door de telefoon of bezoek en waarin u een kalme

sfeer kunt creëren. Het is geen goed idee om te proberen een duiding te doen in een drukke kamer terwijl andere mensen toekijken. Dat is erg afleidend en maakt het moeilijk om een vertrouwensband met de zoeker op te bouwen. De sfeer moet veilig zijn.

Een duidingsritueel instellen

Uw persoonlijke duidingsritueel is een ritueel dat u zelf ontwikkelt en daarom zelf kiest en creëert. Sommige lezers houden ervan geurkaarsen of aromatherapieoliën te branden om een prettige sfeer te creëren, terwijl anderen misschien vijf of tien minuten de tijd nemen om te ontspannen, adem te halen, te mediteren of hun geest leeg te maken voor het begin. Het belangrijkste is dat u in de juiste stemming bent om een duiding te doen.

De kaarten neerleggen

Wanneer u een duiding doet, raad ik u aan de kaarten zelf te schud-

den, omdat dat voor een persoonlijke band met de kaarten zorgt. Als de kaarten naar tevredenheid zijn geschud, legt u ze gesloten voor uw zoeker. Nodig hem uit om het gewenste aantal kaarten voor uw eerste patroon te kiezen. Leg ze neer, beginnend met de eerste kaart die de zoeker heeft gekozen, en ga door in die volgorde.

Tijdens het schudden kan er mogelijk een kaart op zijn kop zitten. Zo'n kaart wordt een omkering genoemd; sommige duiders kennen een tegengestelde betekenis toe aan die kaart. Over het algemeen wordt de omgekeerde kaart dan gezien als een negatieve interpretatie van de rechtopstaande kaart. Persoonlijk gebruik ik geen omkeringen, omdat ik vind dat geen enkele kaart alleen positief of negatief geïnterpreteerd kan worden. Vanuit een positief oogpunt kan De Keizerin bijvoorbeeld worden gezien als een beeld van voeding en bescherming die het leven verbeteren. Haar schaduwkant duidt echter op 'overbeschermend' en verstikkend, wat destructief kan worden. Het is dus mogelijk om de lichte en de

schaduwkant van elke voorstelling te zien zonder te vertrouwen op omkeringen, die de interpretatie tamelijk beperkt maken. Dit is echter een discutabel onderwerp, en ik wil u aansporen om zelf uit te proberen of ze voor u werken of niet. Als u ervoor kiest ze niet te gebruiken, kunt u uw kaarten expres recht houden tijdens het schudden, om verwarring te voorkomen.

UZELF DUIDEN

Tarotkaarten op uzelf toepassen is een onderwerp waarover veel meningsverschillen bestaan. Sommigen zeggen dat het essentieel is om voor uzelf duidingen te doen, voordat u kaarten voor anderen kunt lezen. Anderen zeggen dat duidingen die u zelf doet op een bepaalde manier ongeldig zijn. Mijn mening is dat wanneer u begint met tarot, het vrijwel onmogelijk is om te leren hoe u de kaarten moet duiden, laat staan om te beginnen ze voor anderen te duiden, als u ze niet eerst op uzelf uitprobeert. Wanneer u uw

eerste spel krijgt, zult u in de verleiding komen ze neer te leggen om te 'kijken of het werkt', en daar is niets mis mee.

Objectief zijn

Een van de problemen die kunnen ontstaan als u duidingen doet voor uzelf, is een gebrek aan objectiviteit. Het is moeilijk om onbevooroordeeld te zijn en er is vaak een sterke neiging om de duiding te veranderen als hij niet bij u past, in plaats van hem eerlijk door te werken zoals u zou doen bij iemand anders. Er bestaat een duidelijke en begrijpelijke wens om de kaarten te laten bevestigen wat u wilt weten, wat op zijn beurt leidt tot de wens om net zo lang patronen te leggen totdat u een duiding krijgt die u bevalt. Het probleem is dat we niet altijd weten wat het beste is voor ons of, wat dat betreft, voor iedereen. Daarom is het belangrijk om u te blijven openstellen en de beelden te laten spreken in plaats van u te laten storen door uw eigen huidige standpunt.

Jaren geleden deed ik een duiding voor een vriendin van wie ik wist dat ze net twee jaar met haar man bezig was geweest om haar huis te renoveren. Ze wilde een duiding, maar stelde geen specifieke vraag. Toen De Staven Koning als laatste kaart in het patroon opdook, was ik verbaasd. Ik zei: 'Deze kaart betekent gewoonlijk een verandering van woning, maar dat kan in jouw geval niet kloppen. Je bent net zo lang bezig geweest met het opknappen van je huis, dat ik zeker weet dat je niet wilt verhuizen'. Die bewering was gebaseerd op mijn voorkennis van haar situatie. Mijn verbazing was nog groter toen ze aankondigde dat ze van plan was haar man te verlaten en een scheiding aan te vragen, en dat ze al een appartement geregeld had om naar te verhuizen, maar dat tot dat moment geheim had gehouden. U ziet dus hoe makkelijk u in de valkuil kunt lopen van het mengen van uw bewuste kennis met de informatie die in een duiding besloten ligt en diep doordringt in het onderbewustzijn.

Dat gezegd hebbende, kan duidingen voor uzelf doen echter een goede manier zijn om bekend te raken met de kaarten en te zien hoe ze uw huidige situatie weerspiegelen.

Contact maken met de beelden

Een andere goede manier om uw bekendheid met de kaarten te vergroten, is om ze te koppelen aan situaties in uw eigen leven. Welke omstandigheden die met risico's of veranderingen te maken hebben, kunt u bijvoorbeeld in verband brengen met De Dwaas? Welke invloed heeft de relatie met uw eigen moeder op wat u denkt over De Keizerin? Mensen met een goede relatie met een moederfiguur beschouwen De Keizerin wellicht als een positieve invloed, terwijl anderen met vervelende herinneringen haar eerder in een negatief daglicht stellen. Het is belangrijk uw eigen gevoelens te toetsen aan de kaarten, zodat u ermee om kunt gaan en u ze niet zult beschermen voor de mensen voor wie u een duiding doet.

VOOR ANDEREN LEZEN

We hebben de neiging hulp of verklaringen te zoeken als we het moeilijk hebben. Wanneer iemand u om een duiding vraagt, kan hij dus in een moeilijke situatie zitten. De zoeker kan verwachten dat u overal antwoord op hebt en u behandelen alsof u paranormaal begaafd bent. Tarot lezen is een intuïtieve kunst en u hoeft geen paranormale krachten te hebben om een duiding te doen. Het is noodzakelijk dat u gevoelig, intuïtief en bewust bent dat de zoekers misschien in een staat van emotionele verwarring raken. De duiding moet een therapeutische samenwerking zijn tussen lezer en zoeker terwijl u de kaarten samen onderzoekt.

De informatie interpreteren

Natuurlijk weet u meer dan de zoeker, maar u moet hem (of haar) nooit vertellen wat hij moet doen of hem direct advies geven. Uw taak is om de boodschap van de tarbotkaarten te verhelderen in plaats van de zoeker een kant op te duwen waarin ú gelooft. Tarotduidingen zijn een poging om onbewuste kennis te voorspellen door de archetypische voorstellingen op de kaarten te gebruiken. Voorspellen is een manier om spirituele begeleiding te verkrijgen of verborgen informatie te ontdekken. De oude voorstellingen op de kaarten stimuleren het diepste deel van de geest om aanwijzingen te vinden over invloeden uit het verleden, het heden of de toekomst van de zoeker.

Zoekers kunnen zich zorgen maken of hun duiding 'goed' zal zijn of niet. Het is echter zowel onmogelijk als sterk af te raden om tarot gelijk te stellen aan morele oordelen. Wat de kaarten wel kunnen tonen, is hoe moeilijk of gemakkelijk een bepaalde fase kan zijn. Als De Dood bijvoorbeeld opduikt in een duiding, suggereert hij een soort einde, maar het is niet altijd mogelijk om te weten of het een welkom of een gevreesd einde is. Als tarotlezer is het altijd nuttig om uzelf eraan te herinneren dat het uw taak is om te lezen

wat de kaarten en de omstandigheden van een bepaalde persoon op een bepaald moment lijken te suggereren. U moet uzelf de vraag stellen: 'Wat zou de nuttigste weg zijn voor deze persoon op dit moment?' in plaats van 'Wat vind ik dat deze persoon zou moeten doen?'. Het is niet aan u als lezer om morele oordelen te vellen over de zoeker; u moet de kaarten alleen zo gevoelig en meelevend mogelijk interpreteren.

Een begin maken

Wanneer u voor het eerst voor anderen leest, moet u ze vertellen dat u een beginneling bent die op zoek is naar een proefkonijn. Natuurlijk vormen uw vrienden de meest waarschijnlijke kandidaat. Maar in veel opzichten zijn zij niet ideaal, omdat u voorkennis hebt die uw interpretatie kan beïnvloeden, zoals ik net heb laten zien. Als het echter uw enige mogelijkheid is, moet u zeker met hen oefenen, maar bedenk altijd dat u niet per se weet wat het

beste voor hen is, en dat u tarot nooit als middel moet gebruiken om uw persoonlijke meningen te vermommen.

Een voorstelling maken

Het is een goed idee om uw duidingen bij te houden, door ze op te nemen of door het patroon, de datum en, als u geïnteresseerd bent in astrologie, de tijd, naast algemene observaties, op te schrijven. Daardoor kunt u terugkijken om te zien hoe de duiding van de ene ontmoeting naar de andere is verlopen.

Ik raad u aan dezelfde persoon niet vaker dan elk halfjaar of elke negen maanden 'te lezen'. Wanneer u een duiding doet, is het nuttig om uzelf te beschouwen als een vertaler van symbolentaal voor uw zoeker, met de bedoeling hem inzicht te geven in zijn situatie. De kunst van het voorspellen is tenslotte een poging om verborgen informatie te onthullen.

UW EERSTE DUIDINGEN

U bent nu klaar om met uw eerste duiding te beginnen. Om u op weg te helpen, geef ik wat voorbeeldduidingen, zodat u een idee krijgt van hoe een tarotduiding kan verlopen. Ik stel voor dat u begint met een relatief eenvoudig patroon, zoals de patronen die volgen, en toewerkt naar ingewikkeldere patronen naarmate uw zelfvertrouwen toeneemt.

HET PATROON MET DRIE KAARTEN

Dit korte patroon is handig om een eerste indicatie te krijgen van de situatie waarin de zoeker zich bevindt en is een goede eerste oefening.

Bertha, een 51-jarige vrouw, zocht me op om het huidige dilemma rond haar carrière te bespreken. Ze had een goede baan achter zich gelaten om een studie op de universiteit te volgen en was geïnteresseerd in de gevolgen van die keuze.

1 2 3

1. HET VERLEDEN *Het Rad van Fortuin*

Kaart één vertegenwoordigde het nabije verleden van Bertha. Het Rad van Fortuin in de 'verledenpositie' suggereert dat er wat recente veranderingen zijn gekomen in Bertha's leven. Het draaien van het wiel duidde op een nieuw hoofdstuk dat pas was begonnen en dat ze een beslissing had genomen die haar leven heeft veranderd.

Het Rad van Fortuin geeft aan dat Bertha haar besluit moet erkennen en moet leven met de gevolgen ervan... wat die ook mogen zijn.

Bertha vertelde dat ze kort geleden van baan was veranderd om te kunnen studeren; iets wat ze altijd al wilde doen, omdat ze dat na het verlaten van school niet had gedaan. Ze genoot erg van de ervaring en vond het werk interessant en bevredigend. Toch had het ook een sterke invloed op andere gebieden van haar leven. Ze had niet gerekend op zo'n verandering in haar sociale leven, nadat ze van werkende vrouw in student was veranderd. De verplichtingen van de studie hadden invloed op haar vrijheid om te reizen, wat ze veel had gedaan voor haar vorige baan, en ze miste dat reizen. Aan de andere kant had ze veel nieuwe vrienden gemaakt en vond ze de interactie met haar medestudenten stimulerend en opwindend. Ze zat in het proces om te wennen aan de gevolgen van haar beslissing; aan de positieve én de negatieve. Het Rad van

Fortuin verlangt van haar dat ze de volledige verantwoordelijkheid voor haar keuze op zich neemt.

2. HET HEDEN *De Zwaarden Negen*

Kaart twee houdt de positie heden in, en De Zwaarden Negen suggereert dat Bertha door een tijd van zorg en vrees ging die niet per se realistisch was, maar te maken had met haar angst voor het heden en voor de toekomst.

Bertha had het gevoel dat de kaart vooral verwees naar het afstuderen, omdat dit haar laatste jaar was, wat tentamens betekende en een belangrijke scriptie die opdoemde. Dat maakte haar gespannen en ongerust; wat was begonnen als iets leuks en interessants was nu serieus geworden, en ze was bang voor kritiek en beoordelingen. Ze zei dat ze altijd al problemen had gehad met haar zelfvertrouwen, maar dat ze op het moment leed aan acute gevoelens van ontoereikendheid vergeleken met de andere studenten. Ze maakte zich ook zorgen over de baan van haar man die er tamelijk onzeker uitzag, omdat er ontslagen waren gevallen, en ze was bang dat hij de volgende zou zijn. Ze was ook bezorgd dat ze, in haar positie van student, niet financieel kon bijspringen zoals ze in het verleden wel had gekund.

3. DE TOEKOMST *De Staven Drie*

De Staven Drie in de toekomstige positie verwijst naar een eerste voltooiing, die vervolgens leidt tot nieuwe perspectieven en horizonnen.

Bertha gaf toe dat ze soms even nadacht om na het afstuderen door te gaan om te proberen te promoveren. Telkens als die gedachte in haar opkwam, verliet ze haar echter uit angst dat ze het niet zou redden. De Staven Drie duidt op de aankomst op een plek waarvan u eerst dacht dat die het einde van de reis zou zijn, maar waarvan u merkte dat het eigenlijk het begin was. Bertha zag

dus dat De Staven Drie misschien verwees naar het voltooien van haar studie om daarna door te gaan. Maar ze zei heel verstandig dat ze zich zou concentreren op haar eerste taak: het schrijven van de scriptie – waarbij ze de angst moest overwinnen die werd vertegenwoordigd door De Zwaarden Negen – voordat ze te veel zou nadenken over het volgende stadium.

DE PIRAMIDE

Vervolgens deden we het legpatroon de piramide, bestaande uit vijf kaarten, om Bertha nog meer helderheid te verschaffen.

1. HET HEDEN *Het Rad van Fortuin*

Het was interessant om te zien dat het Rad van Fortuin was verplaatst naar de hedenpositie, wat suggereerde dat de verandering die door de positie van de kaart in het verleden was veroorzaakt, bleef doorwerken.

Bertha voelde dat ze zich nog steeds bevond tussen haar oude en nieuwe levensstijl en dat ze, hoewel ze haar oude leven officieel achter zich had gelaten, nog niet helemaal was gewend aan het nieuwe. Ze was bang dat het, net wanneer ze zich prettig begon te voelen, tijd zou zijn om de studie te voltooien en haar leven opnieuw te veranderen.

Ze voelde erg dat de verandering van levensstijl, die in het ver-

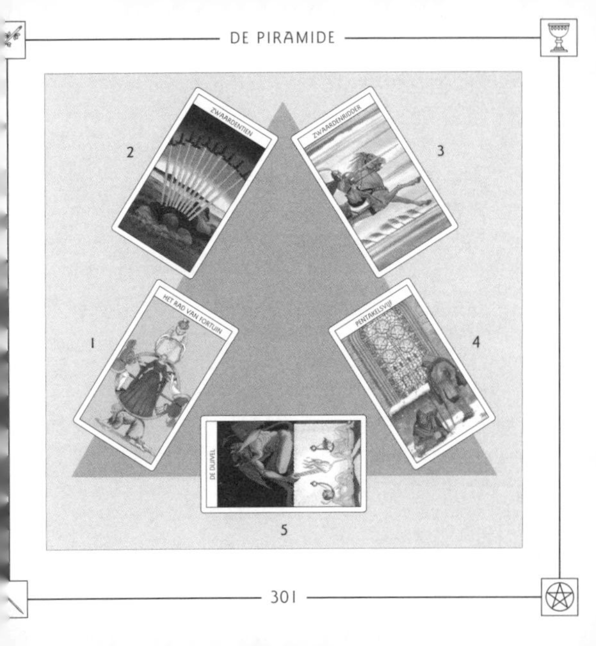
2
ZWAARDENTIEN
ZWAARDENRIDDER
3
1
HET RAD VAN FORTUIN
PENTAKELSVIJF
4
DE DUIVEL
5

leden was begonnen en geduid door het Rad van Fortuin, nog steeds veel invloed had op haar huidige situatie en ze voelde zich, ondanks dat ze geen spijt had van haar besluit om te stoppen met haar werk en te gaan studeren, op de proef gesteld door bepaalde aspecten van de studie en het vooruitzicht van de scriptie die ze snel zou moeten schrijven. Toen ze echter ongehinderd over haar angsten vertelde, begon ze zich minder bang te voelen. Ze had de angsten opgekropt en wilde haar gevoelens aan niemand toegeven, omdat ze bang was dat ze haar als een mislukkeling zouden beschouwen.

2. HET HEDEN *De Zwaarden Tien*

In dit patroon werd De Zwaarden Negen – die in de hedenpositie van Bertha's vorige patroon verscheen – vervangen door De Zwaarden Tien. De Zwaarden Negen heeft te maken met angsten en zorgen die in wezen ongefundeerd zijn, terwijl De Zwaarden Tien zich richt op de realiteit van een einde.

Nu begon Bertha zich echt te concentreren op het kenmerk 'angst voor het einde' van de kaart, en realiseerde ze zich dat, terwijl haar gevoelens van paniek en algemene angst goed waren gevangen door De Zwaarden Negen, het einde van de studie hetgeen was waar ze echt bang voor was. Ze was bang de vreugde te verliezen die ze putte uit het studeren en dat ze zo gestrest zou raken dat de laatste maanden verpest zouden worden. Hoe meer ze erover nadacht en praatte, hoe meer ze besefte dat ze het ritme van het studentenleven, dat ze zo laat in haar leven had ontdekt en daardoor meer had gekoesterd, zou missen. De Zwaarden Tien betekent inderdaad een einde; maar op de meeste kaarten staat ook een voorstelling van een nieuwe dageraad aan de horizon; in plaats van het einde van de studie als deprimerend te beschouwen, kon ze zien dat dat einde het begin van iets nieuws in de toekomst betekende.

3. DE NABIJE TOEKOMST *De Zwaarden Ridder*

De Zwaarden Ridder is een kaart van actie. Hij vertegenwoordigt een snel bewegende, verstorende, maar toch uitdagende invloed die ons dwingt onze waarnemingen te testen en op een nieuwe manier te gaan nadenken.

Bertha dacht dat haar studie, die tenslotte nog niet voorbij was, haar zeker zou blijven stimuleren en dat ze vraagtekens zou blijven zetten bij haar manier van denken. Ze voelde dat ze niet weg zou komen met het slordige denken waaraan ze zich in het verleden had schuldig gemaakt, en geloofde dat ze haar intellectuele denkprocessen in de toekomst kon voortzetten, waar ze tot kort geleden over had getwijfeld. De Zwaarden Ridder kan duiden op een dynamische of charismatische leraar die haar zou inspireren en motiveren om haar best te doen. Bertha vertelde dat een van de nieuwe docenten die haar vak in het volgende semester zou doceren die reputatie had, en dat ze zin had in die intellectuele stimulatie en uitdaging.

4. De nabije toekomst *De Pentakels Vijf*

De Pentakels Vijf is verbonden met verlies of angst om te verliezen. Soms is het ergste verlies dat gekoppeld is aan deze kaart het verlies van vertrouwen en geloof in de goedheid en gulheid van het leven, in plaats van financieel of materieel verlies. Maar omdat het de aardse kleur pentakels is die verbonden is met materiële zorgen, komt ook onvermijdelijk de financiële kwestie op.

Bertha maakte zich onmiddellijk zorgen dat dit zou betekenen dat de baan van haar man in gevaar was; ze had zich altijd erg veel zorgen gemaakt over armoede, omdat ze als kind arm was geweest. Naarmate ze echter meer over de kaart nadacht, begon ze in te zien dat hij ook verbonden kon zijn met haar angst voor gezichtsverlies, in verband met haar tentamens. Ze legde uit dat een van haar grootste angsten was om vernederd te worden ten overstaan van haar vrienden en familie. Ze had enorm genoten van het studeren, maar ze werd, naarmate het einde van de studie

naderde, steeds banger dat ze het niet zou halen. Ze was bang haar zelfvertrouwen te verliezen, maar vertelde dat ze door zich bewust te worden van die angst, en er daardoor meer vat op te hebben, misschien in staat was het probleem het hoofd te bieden.

5. DE TOEKOMST *De Duivel*

De laatste kaart in de duiding was De Duivel en Bertha leek eerst geschrokken, zoals veel mensen die onbekend zijn met tarot schrikken als De Duivel in een duiding verschijnt. Toen ik echter uitlegde dat De Duivel een symbool is van onze innerlijke angsten en tekortkomingen waarvan we vinden dat we ze moeten vermommen voor het geval ze onacceptabel voor anderen zijn, begreep Bertha de kaart goed. Ze legde uit dat ze zich vergeleken met haar studiegenoten vaak onbekwaam voelde en merkte dat ze ging overcompenseren, door op te scheppen en stoer te doen, of 'ondercompenseren' door te doen alsof ze dom was, wat ze dui-

delijk niet was. Hoe dan ook voelde ze dat ze niet eerlijk was tegen zichzelf en vaak ingewikkelde vermommingen bedacht om haar ware zelf te verstoppen. Ze erkende dat de concurrentie waarin ze verzeild was geraakt met andere studenten, terug te voeren was op haar jeugd, toen ze het gevoel had dat ze in de ogen van haar moeder tekortschoot. Dat besef gaf haar stof tot nadenken, net als de wetenschap dat ze vrij is om te veranderen, zoals de figuren op de kaart die gebonden zijn aan De Duivel, maar wier ongebonden handen zichzelf zouden kunnen bevrijden als ze daarvoor kozen.

HET HOEFIJZER

Ik deed het patroon hoefijzer met vijf kaarten voor James, een 54-jarige therapeut die een andere richting op wilde met zijn werk. Hij was op een tweesprong terechtgekomen, omdat hij niet officieel geregistreerd was, hoewel hij een zeer ervaren therapeut was, en nieuwe regels betekenden dat hij in de problemen zou kunnen komen als hij doorging met zijn werk zonder bepaalde examens af te leggen.

1. HET HEDEN *De Geliefden*

De Geliefden in de hedenpositie van James' patroon gaven aan dat hij bezig was met een belangrijke keuze. Dit is de kaart van kiezen en beslissingen nemen, en James besefte dat hij niet kon doorgaan met zijn huidige manier van werken zonder registratie. Hij voelde dat de bureaucratie die in zijn beroep begon te sluipen nadelig was voor het werk van een genezer en hij verzette zich tegen het

KELKENZEVEN
ZWAARDENVIJF
KELKENNEGEN
DE GELIEFDEN
GERECHTIGHEID
3
2
4
1
5

inschrijven voor een registratie. De Geliefden gaat over de gevolgen van keuzen. James had in veel opzichten zijn kop in het zand gestoken. Hij had jarenlang voor dezelfde kleine liefdadigheidsinstelling gewerkt, waar officiële registratie nooit een punt was geweest, maar die organisatie werd opgeheven en hij zou snel zonder werk komen te zitten.

2. HUIDIGE VERWACHTINGEN *De Zwaarden Vijf*

De Zwaarden Vijf geeft aan dat trots moet worden ingeslikt en beperkingen moeten worden geaccepteerd. James was het ermee eens dat hij behoorlijk koppig was om zich niet te willen laten registreren, maar hij begon ook te accepteren dat dat de enige manier was om te kunnen blijven werken op zijn vakgebied. Hij gaf toe zelfs weerstand te voelen tegen het bekijken van de vereisten, deels omdat hij bang was dat hij, na zoveel jaren werk als een zeer goede therapeut, misschien niet meer de juiste kwalificaties had.

Als dat het geval was, mocht hij zich misschien niet inschrijven, of hij nou wilde of niet. De confrontatie met dat feit was het eerste obstakel dat James onder ogen moest zien. De Zwaarden Vijf beschrijft het moment waarop zowel de winnaar als de verliezer moeten accepteren dat de strijd voorbij is; hoe oneerlijk dat ook mag lijken. James gaf niet graag toe dat de vereisten van het leven onderweg waren veranderd, en hij wilde niet met ze mee veranderen.

3. ONVERWACHT *De Kelken Zeven*

De Kelken Zeven is een kaart van mogelijkheden en dromen. Wat James niet verwachtte, was het aantal mogelijkheden dat hij had als hij zijn geest en fantasie er eenmaal voor had opengesteld. Hij was bang dat er weinig opties waren en dacht dat hij misschien 'te oud' was om te veranderen. Het leek er echter op dat als hij zijn angst om te veranderen zou overwinnen en meer zou weten over het registreren, hij in staat zou zijn om een aantal echte beslissingen te nemen. De Kelken Zeven is de kaart van visies en vooruitzichten, maar er zal niets veranderen voor James totdat hij zijn mogelijkheden echt gaat onderzoeken. James vertelde me dat hij kunstenaar was en, hoewel de kunst op dit moment een hobby was, hij wel werk verkocht. Hij vroeg zich af of hij zou moeten proberen er serieuzer mee aan de slag te gaan, in plaats van zich te concentreren op zijn therapieën.

4. DE NABIJE TOEKOMST *De Kelken Negen*

De Kelken Negen, traditioneel bekend als de wenskaart, past goed in James' nabije toekomst. De kaart leek te suggereren dat hij iets zou vinden dat zijn wensen zou vervullen en dat hij, omdat de kaart duidt op materieel en zintuiglijk geluk, het soort werk kon vinden dat hij leuk vond en dat brood op de plank zou brengen. James erkende dat hij, sinds zijn jeugd, altijd had gewerkt op een manier die ethisch bij hem paste, en hij haatte de gedachte om

puur voor het geld te werken. De aanwezigheid van De Kelken Negen in de positie van de nabije toekomst leek echter aan te geven dat hij iets kon vinden dat hem zowel principieel als financieel zou bevredigen. James was een beetje in een gat terechtgekomen; hij dacht dat zijn huidige werk de enige uitvoerbare optie was, hoewel de realiteit was dat het niet goed betaalde en dat het werk zelf ook steeds minder voldoening gaf.

Het leek alsof de kern van de duiding De Zwaarden Vijf was, omdat als James de situatie kon zien zoals hij echt was, hij het misschien makkelijker vond om door te gaan in plaats van zich zo gevangen, bang en niet in staat om te veranderen te voelen.

5. DE TOEKOMST OP DE LANGE TERMIJN *Gerechtigheid*

De kaart Gerechtigheid in deze positie suggereert dat James zijn geest in balans moet houden als hij de volgende fase van zijn leven ingaat. Hij hoeft zijn dromen en principes niet op te geven, maar hij moet zich wel een realistische houding aanmeten. Deze kaart staat voor mentale helderheid en benadrukt het belang van het gebruik van logica bij het zoeken naar oplossingen in sommige moeilijke situaties. In het verleden heeft James zich misschien te veel laten leiden door zijn hart en niet genoeg door zijn hoofd, maar Gerechtigheid in de positie toekomst op de lange termijn biedt hem de kans om die onbalans te herstellen. Gerechtigheid houdt zowel het zwaard van de waarheid als de weegschaal van harmonie in zijn handen, en op sommige kaarten staat ook de uil van de waarheid. Die symbolen verwijzen naar het zoeken van rationele beslissingen en oordelen.

DE ZOEKER ERBIJ BETREKKEN

Hoe meer duidingen u doet, hoe zekerder u zult worden bij het gebruik van de voorstellingen als beginpunt van uw intuïtie. Het kan handig en lonend zijn om uw zoeker te laten meedoen met het onderzoek, door hem naar zijn indruk van de kaart te vragen. Daardoor kunt u hem helemaal betrekken bij de duiding. Het draait niet alleen om u, de lezer, als 'degene die alles weet'; de duiding is een gezamenlijke inspanning waarvan beide partijen iets kunnen leren. Hij moet instructief en informatief zijn én therapeutisch, zodat de zoeker stof tot nadenken heeft. Het is belangrijk de voorstellingen samen te onderzoeken en te kijken naar de gevoelens en reacties van de zoeker op de kaarten, wat moeilijk kan zijn in uw eentje. Dat proces verbetert uw eigen begrip en u zult veel toepassingen voor de kaarten vinden, naarmate u bekender met ze wordt.

AAN DE SLAG ERMEE

HET KELTISCHE KRUIS

U wilt nu wellicht wat ingewikkeldere tarotpatronen aanpakken. Een van de bekendste en meest voorkomende patronen is het Keltische kruis. Leg met behulp van de hele stok tien kaarten neer zoals hiernaast wordt getoond, en lees ze in de volgende volgorde:

1. Het heden *Dit gaat over u.*
2. De obstakels *Deze kruisen uw pad.*
3. Bewuste factoren *Dit staat boven u.*
4. Onbewuste factoren *Dit staat onder u.*
5. Het nabije verleden. *Dit ligt achter u.*
6. De nabije toekomst. *Dit staat u te wachten.*
7. Uw toekomstige positie en houding
8. De houding van anderen
9. Wensen, angsten en verwachtingen

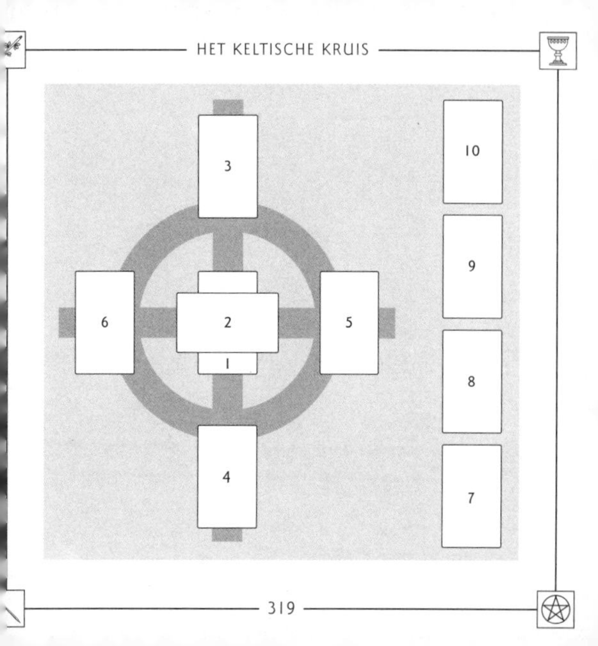
3
10
9
6
2
5
1
8
4
7

DE STER

Een van mijn andere favoriete patronen is de ster met zeven kaarten, waar ik alleen de grote arcana voor gebruik. Gebruik het hiernaast getoonde diagram om de kaarten neer te leggen en lees ze vervolgens in de door uw gewenste volgorde. In het begin kunt u misschien het beste van 1 naar 7 gaan, van rechts naar links, maar als u meer vertrouwen hebt, kunt u uw intuïtie volgen.

1. De basis van de zaak of de huidige positie
2. Zaken die te maken hebben met liefde en relaties
3. Zaken die te maken hebben met het verstand en het werkende leven
4. De kern van de zaak
5. Onbewuste verlangens
6. Bewuste verlangens
7. De hoofdzaak of conclusie

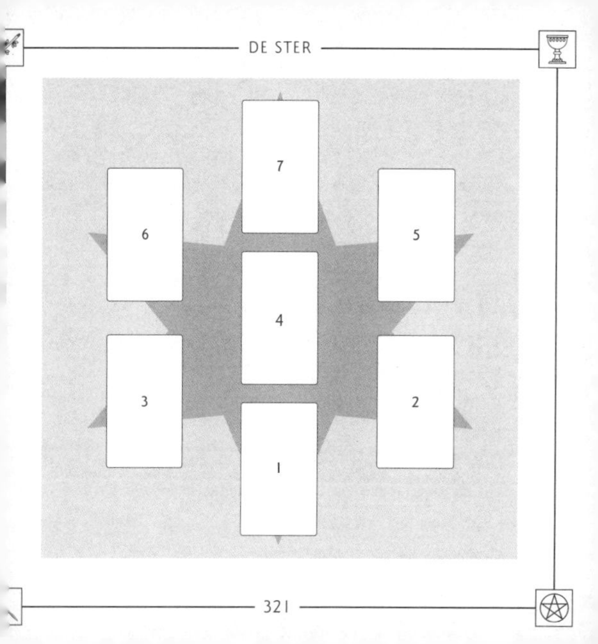
7
6
5
4
3
2
1

Als u besluit iets echt ambitieus aan te pakken, kunt u Le Grand Jeu of Het grote spel uitproberen; een patroon met 66 kaarten. Dit is een zeer gecompliceerde duiding die u alleen moet ondernemen als u vol zelfvertrouwen bent en genoeg hebt geoefend, anders kan het leiden tot verwarring en een gevoel van mislukking.

Leg kaart 1 tot en met 11 in een rij langs de rechterkant.

Kaart 12 tot en met 22 lopen langs de linkerkant op.

Leg kaart 23 tot en met 33 van rechts naar links bovenaan neer, waar ze samenkomen met de twee rijen.

Leg kaart 34 tot en met 66 in een cirkel tegen de klok in binnen deze grenzen.

Kaart 1 tot en met 11 en 34 tot en met 44 staan voor het verleden.

Kaart 23 tot en met 33 en 45 tot en met 55 staan voor het heden.

Kaart 12 tot en met 22 en 56 tot en met 66 staan voor de toekomst.

MEER OEFENINGEN

Om echt goed bekend te raken met de kaarten moet u uw fantasie gebruiken. De mysterieuze voorstellingen zijn archetypisch en hebben dus de macht om de intuïtieve niveaus van de onbewuste geest te beroeren.

IN DE KAARTEN STAPPEN

Een manier om de kaarten beter te gaan begrijpen, is om uzelf 'in de voorstellingen te denken'. Dat helpt de fantasie op gang te brengen. Wanneer u bijvoorbeeld naar de voorstelling van De Dwaas kijkt, moet u proberen uzelf in zijn plaats voor te stellen, aan de rand van een afgrond. Probeer echt de huiveringen van angst en opwinding te voelen die u zou ervaren als u klaarstond om te springen. Zorg ervoor dat u elk detail van de kaart zorgvuldig bestudeert. Kijk naar zijn kleding, zijn omgeving, zijn houding, zijn uitdrukking en laat het beeld een diepe indruk maken op uw geest. Doe nu uw ogen dicht en probeer de voorstelling voor u te zien. Nu kunt u misschien een van uw eigen ervaringen toevoegen: bijvoorbeeld de eerste keer dat u in een vliegtuig zat, of de eerste dag op een nieuwe school of baan, of welke situatie u maar kunt bedenken die te maken heeft met een confrontatie met het onbekende in een mix van hoop en vrees.

Vergelijk de voorstellingen

Doe deze oefening met alle kaarten en maak notities van de verschillende gewaarwordingen en gevoelens die ze oproepen. Het is belangrijk om de beelden op hun eigen manier in uw leven te laten komen; voel bijvoorbeeld het verschil tussen Gerechtigheid en Gematigdheid. Sta uzelf toe in contact te komen met de koele, kalme, onpersoonlijke houding die Gerechtigheid moet hebben bij het beoordelen van een situatie. Vergelijk dat nu met de zachte, meegaande, flexibele manier waarop Gematigdheid met zaken omgaat.

Gerechtigheid regeert vanuit het hoofd en Gematigdheid vanuit het hart. Zoek opnieuw voorbeelden uit uw eigen leven en ervaring.

GELEIDE FANTASIE

U kunt ook zogenoemde 'geleide fantasie' uitproberen. Dat betekent dat u wat ononderbroken vrije tijd moet nemen en uzelf in een kalme en ontspannen toestand moet laten afzakken. Ga gemakkelijk zitten of liggen en haal een paar keer diep adem. Doe uw ogen dicht en maak uw hoofd leeg.

Wanneer u zich helemaal op uw gemak voelt, opent u uw ogen, neemt u een kaart en concentreert u zich op de voorstelling totdat u hem duidelijk voor u ziet wanneer u uw ogen sluit.

Probeer de voorstelling op de kaart nu te zien als een venster; klim er doorheen om de persoon van vlees en bloed op de kaart te ontmoeten. Als u bijvoorbeeld De Dwaas neemt, ziet u de structuur van de stof van zijn veelkleurige kleding. Let op zijn open gezicht en

stel uzelf vervolgens voor dat u naast hem staat op de rand van de klif. Beeld u in dat u een gesprek met hem aanknoopt; stel hem vragen en praat met hem zo lang u wilt. Wanneer u wilt stoppen, visualiseert u dat u terugklimt door het denkbeeldige venster en laat u de voorstelling weer tot een eendimensionale kaart worden. Schrijf daarna het gesprek op, waarbij u aandacht besteedt aan de gedachten en gevoelens die spontaan opkwamen bij de 'ontmoeting'.

Misschien voelt u zich in het begin een beetje ongemakkelijk, maar als u volhoudt, begint u de voordelen van deze ervaring op verschillende manieren te voelen. Ideaal gesproken doet u deze oefening één voor één met alle kaarten. Als beloning kunt u een vol notitieboekje verwachten en een goed begrip van de kaarten.

DE KAARTEN TER ONDERSTEUNING GEBRUIKEN

U kunt de tarotvoorstellingen gebruiken om u door moeilijke situaties te helpen. Als u bijvoorbeeld worstelt met een problematisch

project op het werk, iets waarvoor veel moeite en zelfdiscipline nodig is, kunt u de kaart Kracht pakken en hem prominent neerzetten op een plek waar u kunt worden herinnerd aan zijn boodschap. Of u bent op dieet en worstelt met uw verlangen om te eten, ook al wilt u afvallen: dan hangt u de kaart Kracht op de koelkastdeur. Of u probeert te studeren, maar kunt zich moeilijk concentreren: dan zet u de kaart op een opvallende plek op uw bureau.

Een voorstelling gebruiken om uzelf te herinneren aan een boodschap kan helpen om 'de goede strijd te strijden'. Als u liefdesverdriet hebt, kan De Zwaarden Vier voor een troostend beeld van genezing en herstel zorgen. Ook De Kluizenaar kan u de geruststellende boodschap meegeven dat de tijd een goede heelmeester is.

WOORDSPELLETJE

Een andere manier om bekender te raken met de voorstellingen is om een woordassociatiespel te spelen. Het is erg leuk om dat met

een paar vrienden te doen. U kunt ervoor kiezen alleen de grote arcana te gebruiken of bijvoorbeeld alleen de lagere hofkaarten; dat is aan u. Schud de kaarten zorgvuldig en draai ze vervolgens vrij snel achter elkaar om. Iedereen zegt nu hardop het eerste wat er in hem opkomt als hij de voorstelling ziet. Dat moet snel gebeuren. Het kan handig zijn om een persoon te nemen die niet meedoet, zodat hij het antwoord van de anderen kan opschrijven. Aan het einde kunt u de notities vergelijken.

Waar u naar op zoek bent, is de manier waarop verschillende mensen de kaarten ervaren. Hun willekeurige associaties zullen te maken hebben met hun eigen ervaringen, maar het is interessant om te zien hoeveel vergelijkbare reacties de archetypische beelden oproepen, als dat het geval is. Deze oefening prikkelt opnieuw uw fantasie en stimuleert antwoorden uit het onderbewustzijn.

ELKE KAART VERTELT EEN VERHAAL

Een andere interessante manier om de fantasie op gang te brengen, is om de tarotkaarten te gebruiken als een aanleiding om een verhaal te vertellen. Kies een paar willekeurige kaarten – zoveel als u denkt te kunnen interpreteren – en bekijk ze vervolgens in hun toevallige volgorde. Terwijl u dat doet, probeert u een verhaal te verzinnen. Probeer geen echte duiding te doen, maar stel u voor dat u iemand een verhaal vertelt op basis van wat de voorstellingen u zeggen.

Natuurlijk wordt u beïnvloed door de voorspellende betekenissen. Dat hoeft geen probleem te zijn, maar probeer wel uw fantasie zoveel mogelijk de vrije loop te laten, terwijl u losjes binnen de grenzen van de kaart blijft.

U kunt ook proberen om de kaarten te gebruiken als illustraties van een van uw favoriete verhalen.

EEN BAND OPBOUWEN MET UW KAARTEN

Natuurlijk is het aan u om het hele spel kaarten door te werken, waardoor u steeds meer aan de kaarten went. Dat gebeurt niet in een paar dagen. Voor elke relatie is moeite en toewijding nodig in de vorm van tijd en energie. Als u die er niet in stopt, komt er waarschijnlijk ook niets uit. Niets wat de moeite waard is, gaat vanzelf, en als u serieus alle mogelijkheden van de kaarten wilt gebruiken, moet u wat tijd en moeite investeren. Als u dat doet, zult u rijkelijk beloond worden. Tarot blijft fascinerend en er zijn veel verschillende manieren om de kaarten te gebruiken, zoals u zult ontdekken als u volhardt in uw studie.

BRONNEN

www.tarothermit.com Deze site met de naam 'The Hermitage' is gewijd aan de geschiedenis van tarot. Op deze site komt u meer te weten over de oorsprong en een aantal theorieën rond zijn bestaan.

www.trionfi.com 'Trionfi' is de oorspronkelijke naam voor tarotkaarten. Op deze site zijn de oudste tarotkaarten en de oorsprong van tarot te vinden.

www.aeclectic.net/tarot Aeclectic Tarot is 'gewijd aan de diversiteit en schoonheid van tarot'. Bezoek deze site voor plaatjes van honderden tarotspellen, besprekingen en om meer te weten te komen over tarot en de betekenissen van de kaarten. Op de site staan ook tarotduidingen.

www.tabi.org.uk Dit is de website van de Tarot Association of the British Isles. TABI geeft tarotworkshops en heeft een on line magazine met de naam *The Tarot Reader*. De organisatie biedt ook een gratis on line tarotcursus.

DE KEIZERIN
DE HOGEPRIESTERES
DE MAGIËR
HET RAD VAN FORTUIN

DE AUTEUR

Juliet Sharman-Burke is een praktiserend psychoanalytica en een autoriteit op het gebied van tarot en astrologie; vakken die ze al sinds 1983 doceert. Ze heeft meerdere boeken over tarot geschreven, waaronder *Understanding the Tarot*, *Mastering the Tarot*, *Beginner's Guide to Tarot* en *My Tarot*. Samen met Liz Greene heeft ze een bestseller over het klassieke tarotspel *The Mythic Tarot* geschreven.

DE ILLUSTRATOR

Giovanni Caselli is een fulltime-illustrator met een passie voor de klassieke wereld; literatuur, kunst, symbolen en mythen. Hij heeft een grondige kennis van de geschiedenis en archeologie die hem in staat stelt illustraties van het verleden te maken die tot het laatste detail kloppen.

DANKWOORD

Ik ben veel dank verschuldigd aan Ian en Mick, en de teamleden van BOOKINABOX, die allemaal zo hard hebben gewerkt om dit project mogelijk te maken. Ook wil ik Barbara Levy bedanken voor haar voortdurende hulp en steun.